KB058483

독일을 알면 행복한 교육이 보인다

꼴찌도 행복한 교실

KI신서 2327

꼴찌도 행복한 교실

1판 1쇄 발행 2010년 3월 29일
1판 15쇄 발행 2020년 6월 15일

지은이 박성숙
펴낸이 김영곤 **펴낸곳** (주)북이십일 21세기북스
영업본부 이사 안형태 **영업본부장** 한충희
출판영업팀 김수현 오서영 최명열
제작팀 이영민 권경민
출판등록 2000년 5월 6일 제10-1965호
주소 (우413-120) 경기도 파주시 회동길 201(문발동)
대표전화 031-955-2100 **팩스** 031-955-2151 **이메일** book21@book21.co.kr

(주)북이십일 경계를 허무는 콘텐츠 리더

21세기북스 채널에서 도서 정보와 다양한 영상자료, 이벤트를 만나세요!
페이스북 facebook.com/jiinpill21   **포스트** post.naver.com/21c_editors
인스타그램 instagram.com/jiinpill21   **홈페이지** www.book21.com
유튜브 www.youtube.com/book21pub
서울대 가지 않아도 들을 수 있는 명강의! 〈서가명강〉
네이버 오디오클립, 팟빵, 팟캐스트에서 '서가명강'을 검색해보세요!

독일을 알면 행복한 교육이 보인다

꼴찌도 행복한 교실

박성숙(무터킨더) 지음

21세기북스

섬세하고 흥미진진한,
성찰의 교육체험기

"인재 한 명이 일만 명을 먹여 살린다." 한국에서 가장 부자라는 이가 한 말이다. 빼어난 능력을 가진 사람이 사회에 기여할 가능성이 높은 건 분명하다. 그러나 그 한 명의 인재가 1만 명과 더불어 살아가는 사람이 아니라, 1만 명과 경쟁을 벌여 승리한 사람을 뜻한다면 부자의 말은 결국 이런 뜻이다. '승리자 한 명은 일만 명과는 전혀 다른 삶을 살수 있다.' 하긴, 그 부자의 재산은 평범한 회사원 50만 년치 월급에 해당한다고 한다.

〈꼴찌도 행복한 교실〉은 독일 교육이 그의 말과는 정반대의 목적을 가졌음을 우리에게 알려준다. 소수의 우등생이 아니라 다수의 하위권 아이들을 보통 수준까지 끌어올리는 걸 주안점에 둔다는 사실 말이다. '말이 돼? 세계에서 가장 좋다는 자동차회사 세 개를 모두 가질 만큼 경쟁력 있는 선진국 독일이?' 독자들은 충격을 받을지도 모른다. 그러나 그건 이 책을 읽으며 받을 충격의 서막일 뿐이다.

이 책은 많은 유익한 이야기를 들려준다. 학교가 어떻게 운영되고 교사는 어때야 하며 좋은 교육을 위해 부모는 무엇을 해야 하는가 등등. 그러나 그런 이야기를 단지 교육선진국의 교훈으로만 받아들이는 건 아쉬운 일이다. 이 책이 주는 가장 큰 선물은 교육 문제와 관련한 가장 근본적인, 그러나 우리 모두가 잊어버린 질문을 하게 해주는 것이다. '교육이란 무엇인가?'

모든 한국인이 아이 교육에 인생을 바치는데 무슨 말이냐고 반문할지도 모르겠다. 물론 그렇다. 다들 '아이 교육 때문에'라는 말을 입에 달고 살고, 그 문제로 삶과 경제가 재편되며 심지어 가족이 생이별하기도 한다. 그런데 가만 살펴보면 교육 문제가 실은 교육 문제가 아니다. 이는 단지 대학입시 문제의 다른 이름이며 교육의 목표는 아이를 어떤 사람으로 키울 것인지가 아니라 얼마짜리 인간으로 만들 것인가일 뿐이다.

이 책을 읽으며 '교육이란 무엇인가?'라는 질문을 거듭하는 동시에 '그래, 맞아' 하면서 수없이 가슴을 쓸어내리게 될 것이다. 만일 같은 이야기라 해도 저자가 훈계하듯 썼다면 반발심이 생겼을지 모른다. '자긴 독일에 산다고 엄청 잘난체하는군' 하며 말이다. 그런 마음을 읽기라도 한 듯 저자는 자신이 하나도 다를 게 없는 '한국 엄마'였음을 끊임없이 고백한다. 쑥스럽거나 망신스러운 에피소드들도 빠짐없이 내어놓는다.

이 책은 섬세하면서도 매우 흥미진진하고 감동적인 '성찰의 교육체험기'다. 아이가 있는 부모는 물론, 아직 아이가 없지만 한국의 교육현실에 조금이라도 불편한 마음을 갖는 사람이라면 누구나 이 책을 손에 쥔 순간 마지막 페이지까지 놓기 어려울 것이다. 그러나 누구는 책을 읽고 나서 이렇게 말할지도 모르겠다. '맞는 말이지만 여긴 독일이 아니라 한국이라서….'

우리는 아이의 인생이 불안해서 교육 문제가 아닌 것을 교육 문제라 말하며 인생을 바친다. 그러나 '교육이란 무엇인가?'라는 질문을 생략해도 좋은 곳은 세상 어디에도 없다. 우리 아이들이 독일이 아니라 한국에 살고 있기에 오히려 더 '교육이란 무엇인가?'라는 질문이 필요하다. 이 책은 우리에게 그 사실을 알려준다.

김규항('고래가 그랬어' 발행인)

경쟁이 없어도 행복을 꿈꿀 수 있는
교육을 위하여

1998년, 세 살짜리 큰아이의 손을 잡고 처음 본 독일은 내게 약간의 두려움과 긴장감을 안겨 주었다. 독일어라고는 한마디도 못하는 아이를 유치원에 보내던 날, 아침부터 아이는 서럽게도 울어댔다. 그런데 오후에 가서 보자 어느새 호기심 가득한 얼굴로 뛰어놀고 있는 게 아닌가. 그 모습에 한시름 놓았지만 한편으로는 어떻게 아이가 이토록 한순간에 바뀔 수 있는지 독일 유치원 교사들의 교육 방법이 궁금해졌다.

처음 유치원에 들어섰을 때는 오래된 건물을 깨끗하게 수리만 했을 뿐 꾸미지 않은 단조로운 인테리어가 내가 살던 일산 신도시의 알록달록하고 예쁜 어린이집 건물과 비교되면서 적잖이 실망스러웠다. 하지만 그런 실망은 잠시였다. 그곳에 둥지를 튼 사람들의 세련된 말투와, 알록달록한 건물보다 더 총천연색으로 뛰노는 아이들을 보자 바로 감탄이 터져 나왔다. 그렇게 시작된 독일에서의 교육이 벌써 12년째, 큰 아이는 김나지움 11학년, 작은아이는 초등학교 4학년이 되었다.

이곳에서 아이를 키우며 눈에 들어온 학교의 모습은 순간순간 내가 나고 자라고 교육받은 한국의 그것을 떠올리게 했다. 때로는 지난날에 가슴 아팠고 때로는 '우리도 이렇게 될 수 있겠구나'라는 희망으로 벅차올랐다.

아침 7시부터 밤 10시까지 학교를 다니면서 내가 본 세계는 33제곱 미터 남짓 되는 좁은 교실의 어두운 벽과 녹색 칠판뿐이었다. 그 위로 쏟아지는 분필 가루를 마시며 미래를 꿈꾸었고, 그 꿈속에는 언제나 책에서 본 세상만이 뿌옇게 그려지곤 했다. 학교는 내게 지금까지 단 한 번도 써먹지 못한 복잡한 수학 공식과 이제는 기억에도 가물가물한 어려운 영어 단어들을 알려 주었을 뿐 복잡 미묘한 세상을 헤쳐나가는 방법은 가르쳐 주지 않았다. 혼신을 다해 배움에 열중했지만 세상을 사는 방법은 온전히 다시 터득해야만 했다. 세상은 내게 고기 잡는 방법은 가르쳐 주지도 않고 고기를 내놓으라 독촉했다. 학교를 졸업하고 10년 가까이 직장생활을 했지만 우물 안에서 바라본 나의 하늘은 언제나 동그란 모습이었다.

그러나 독일 학교에는 내가 배우지 못해 아쉬워했던 것들이 있었다. 경쟁보다는 함께 어우러져야 행복할 수 있다는 진리를 알려 주었고 수학 공식보다는 논리적으로 사고하는 방법을, 어려운 영어 단어보다는 몇 개의 쉬운 단어로도 영국인과 대화하는 요령을 가르쳐 주었다. 아이들의 꿈은 책 속에서 튀어나와 자유를 찾아 날갯짓했고 하루 종일 책상에 앉아 있지 않고 돌아다녀도 어른들은 그것도 배움의 과정이라며 인정해 주었다.

나는 이곳에 살게 된 행운에 감사한다. 30년이 넘도록 닫힌 사고방식에 익숙해진 내게 이곳은 조금 당혹스럽기도 했고 지나친 안정이 때로는 지루하게 느껴지기도 했다. 하지만 아이들을 위해 내가 줄 수 있는 최선의 교육 환경이라는 것은 조금도 의심하지 않는다. 이곳에서 우리 아이들이 세상을 변화시킬 인재로 자라나기만 한다면 더 이상 바랄 게 없겠지만 자기의 인생만이라도 충만하게 살 수 있는 사람이 된다면 그걸로 만족한다.

지금 독일 아이들이 누리고 있는 교육 환경이야말로 우리가 그토록 갈망해왔던 개혁의 고지는 아닐까 하는 생각이 든다. 하지만 그 고지에 도착만 하면 모든 것이 완벽해진다는 생각이 얼마나 위험한지도, 신은 지상낙원이 아니라 끝없이 개혁하고 조율하는 능력만 줄 뿐이라는 사실도 독일 학교의 문제점을 통해 알게 되었다. 하나를 갖는다는 것은 가지지 못한 다른 하나에 대한 결핍을 의미한다는 진리도 독일에 와서 배웠다.

독일 교육에 적지 않은 문제가 있지만 나는 충분히 만족하고 있고, 그래도 우리가 가야 할 길은 이 길이라고 믿는다. 이런 만족이 나 하나만으로 그치지 않길 바라는 마음에 한국 학부모에게도 알리고 싶었다. 지금처럼 아이들을 삭막한 경쟁 속으로 내몰고 성적에 목숨걸지 않아도, 밤 10시가 넘도록 학원을 전전하지 않아도 꿈꿀 수 있는 행복한 세상이 존재한다는 것을 말이다.

블로그 '독일 교육 이야기'를 통해 소통하는 1년여 동안 한국 교육의 변화를 꿈꾸는 선생님과 학부모, 학생들의 간절한 마음을 읽을 수 있었다. 그리고 그들의 노력이 계속되는 한 우리 교육의 미래가 어둡지만은 않다는 확신도 생겼다. 이 책이 그런 사람들의 염원에 작은 횃불이 되기를 진심으로 바라며 조심스럽게 세상에 내놓는다.

2010년 3월 독일에서

박성숙

CONTENTS

CONTENTS

독일 학교는 우등생을 위한 곳이 아니야

1

등수 없는 독일 성적표

"그 애는 일 점을 몇 개나 받았다니?"

"다섯 개 받았다나 봐."

"그럼 이 점은?"

"글쎄, 세 갠가? 네 갠가? 아휴! 나도 잘 모르겠어. 엄마, 그게 그렇게 중요해?"

"그래야 네 수준을 정확히 알 것 아냐!"

"수준? 나는 잘하고 있으니까 걱정 좀 그만해."

수년째 성적표를 받아오는 날이면 큰아이와 나 사이에서는 어김없이 이런 대화가 오갔다. 체통을 구기지 않으려면 이쯤에서 그만해야 하지만 궁금함을 도저히 참지 못한 나는 그만 입을 열고 말았다.

"그럼 꼴찌는 누구니? 이번 학기에 낙제하는 친구는 누구야?"

"꼴찌? 잘 모르겠는데!"

"야! 그럼 아는 게 뭐야? 공부하러 학교 간 녀석이 결과가 어떤지 관심 없다면 그게 학생이야?"

"엄마, 여기에서 꼴찌가 어디 있어! 그런 건 선생님도 이야기하지 않고 아이들도 관심 없는데 내가 어떻게 알아! 그런 걸 물어보는 사람은 엄마밖에 없어."

'아이고······.'

내가 또 깜박하고 말았다. 잘 나가다가도 성적 이야기만 나오면 본색이 드러나는 엄마를 속물 취급하는 녀석에게 한두 번 당한 것도 아니면서 매번 실수를 하다니. 10년이 넘도록 등수 없는 독일에 살았지만 여전히 고치지 못한 고질병이다. 나는 성적표를 받을 때마다 으레 아이가 반에서 어느 정도 수준인지 알아보기 위해 뒷조사를 하곤 했다. 11학년이나 되었지만 성적표로는 도저히 학급에서 몇 등인지 짐작할 수 없었기 때문이다.

독일 학교에는 정확한 등수가 없다. 이 사실을 잘 알면서도 나도 모르게 반 아이들 34명을 성적대로 줄 세우려고 한다. 어떻게든 내 아이가 경쟁에서 우위에 있다는 사실을 확인하고 싶은 마음에서였을까. 순서를 알 필요도 없고 그 기준도 없는 좋은 환경에서도 나는 여전히 '1등, 2등, 3등······ 꼴등'을 되뇌고 있었다.

1980년대 초 내가 다니던 학교는 중간고사와 기말고사가 끝나면 언제나 게시판에 1등부터 100등까지 명단을 떡 하니 붙여두었다. 아마 경쟁심을 유발하여 동기를 부여하기 위한 조치였던 것 같다. 당시 학생들에게는 성적만이 자신의 존재를 알릴 수 있는 유일한 도구였다.

여고를 졸업한 지 수십 년이 지났건만 아직도 그 기억은 생생하게 나를 따라다닌다. 언제나 1등만 했던 모두의 영웅, 아무리 노력해도 1등을 따라잡을 수 없어 불행했던 2등, 명단의 끝자락에서 보였다 안 보였다 들락날락했던 아이들, 게시판에 이름 한 번 올려보지 못하고 관심 밖에서 살았던 대부분의 평범한 학생들, 인생의 낙오자 딱지 같은 '꼴찌'라는 주홍글씨를 새기고 다닌 몇몇 친구들.

우리의 학창 시절은 성적이 모든 것을 대변해 주었다. 왠지 1등을 하는 아이는 인생도 1등일 것 같았고 생각도 반듯해서 바른 길만 갈 것 같았다. 당연히 그의 미래도 700여 명의 친구 중에서 가장 높은 자리에 있을 것이고.

이 얼마나 허무맹랑한 환상이란 말인가. 신문 1면의 굵직한 기사마다 등장하는 일그러진 1등들은 대형 범죄와 시퍼렇게 날이 선 오만과 독선으로 세상을 병들게 했다. 혼자만 잘못된 길을 가는 것도 모자라 모두를 함께 구렁텅이로 몰고 가는 위험천만한 행보를 볼 때마다 나는 우리 사회가 뭔가 단단히 잘못된 판단을 하고 있다는 생각이 들었다.

그렇다면 꼴찌는? 당연히 미래도 꼴찌일 것 같았다. 그 아이들은 왠지 문제도 많아 보였고 선생님의 미움도 한몸에 받았다. 우리는 꼴찌를 하는 아이들의 인간적인 내면을 보기 위해 노력하지 않았다. 그들은 그저 학교의 귀찮은 말썽꾸러기였고 실패한 학생의 표본이었으며, 경쟁에 지친 우리가 한심하게 바라보며 안도할 수 있는 존재였을 뿐이다.

그런 분위기 속에서 비판이나 반성조차 해볼 겨를도 없이 그저 도태되지 않기 위해 몸부림치며 살아온 사람이 바로 나였으니, 아무리 등수를 알 수 없는 독일 학교라지만 당시에 길들여진 생각이 튀어나오는 것은 당연한 일인지도 모르겠다.

혹시 독일에 사는 사람에게서 '그 집 아이는 학교에서 일 등만 한대'라든가 '그 집 아이는 일 등으로 졸업했대'라는 말을 들었다면 그건 거짓말이다. 독일 학교는 초등학교 1학년부터 졸업 학년인 13학년까지 단 한 번도 등수를 알 수 있는 성적표를 주지 않는다. 아이가 공부를 잘하느냐 못하느냐는 점수의 분포를 계산해서 내린 개인적인 판단일 뿐 학교의 어떤 서류에도 성적이 상위권이라거나 몇 등이라는 흔적은 없다. 그것은 아비투어(수능시험)에서도 마찬가지다.

이들은 '경쟁에서 이겨서 살아남는' 것이 아니라 '모두 함께 가는' 교육을 중요시한다. 그렇기 때문에 지식만을 가지고 순서를 정한다는 것은 이치에 맞지 않는다. 성적 처리에서도 시험뿐만 아니라 수업 태도와 사회성 등을 함께 평가할 수 있도록 철저하게 교사의 자율권이 인정된다.

그런 독일에서 바라본 한국은 지금까지도 지구의 어느 귀퉁이에서 높은 담을 쌓고 귀 막고 눈 감은 사람들이 사는 나라로 보인다. 그나마 어렵게라도 보고 들으려고 노력하는 이들의 자유조차 철창에 가두고 정보를 원천봉쇄하는 무시무시한 제국 같다는 생각도 든다.

시대에 역행하는 초등학교 일제고사를 기어이 부활시키더니 그것도 모자라 시험을 거부하는 소신을 가졌다고 해서 교사를 해임시키는 나라, 어린 새싹들에게 원치 않는 이별의 아픔을 생생하게 체험시키는 학교, 아직 분노를 배우지도 않았을 파릇파릇한 가슴에 울분을 심어 주는 어른, 그러면서도 정작 격려해야 할 성추행범은 버젓이 학교를 활보하게 놔두는 나라, 한국은 아직도 개인의 소신을 짓밟고 입을 틀어막아야만 유지되는 자신 없는 나라란 말인가. 그런 소식을 들을 때마다 내가 자라던 7,80년대와 조금도 달라지지 않은 것 같아 안타깝고 가슴이 아프다.

"전국 학생이 똑같은 시험을 치르면 학교 사이의 경쟁이 치열해질 수밖에 없고 뒤처진 학교는 격차를 줄이는 데 골몰한 나머지, 교육의 다양한 기능을 소홀히 여길 수밖에 없다. 또한 지식 위주의 시험 때문에 학생이 스스로 '실패자'로 여기게 되면 이들은 자신의 잠재력과는 상관없이 실패자에 걸맞은 행동을 하게 될 가능성이 크다." 교육 강국 핀란드의 요우니 벨리예르비 교수가 한 말이다. 이 말에는 우리가 일제고사를 거부해야 하는 이유가 명확하게 드러나 있다.

그의 말처럼 학교 간 경쟁 때문에 다양한 교육 기능에 소홀하고, 자신의 잠재력과는 상관없이 스스로 '실패자'에 걸맞게 행동하는 '꼴찌'를 만들어낸 곳이 바로 내가 30년 전에 다니던 학교였다. 그런데 지금 한국 교육을 보면 30년 전으로 다시 돌아가는 것 같다.

독일 학교에서
가장 이상적인 점수는 2점

둘째가 초등학교에 들어가고 처음으로 성적표를 받아왔을 때다. 아이들이 공부하는 아헨 지역에서는 2학년 2학기부터 정식으로 점수가 기입된 성적표를 받는다. 첫아이 때는 성적에 민감한 한국 엄마의 습성을 버리지 못하고 점수를 미리 계산해 봤지만 이번에는 그러지 않아서 나도 성적이 어떻게 나올지 무척 궁금했다. 아이의 학교 공부에 내가 무관심하게 대응하기도 했고 들쭉날쭉한 녀석의 성적을 도대체 종잡을 수 없기 때문이기도 했다. 아이는 성적표를 들고 집으로 뛰어 들어오며 상기된 얼굴로 외쳤다.

"엄마! 나 낙제 안 하고 삼 학년 올라갈 수 있대!"

아니, 내가 너무 심했나?

"너 그렇게 놀기만 좋아하다간 마이키처럼 삼 학년에 못 올라간다!"

삼 학년에서 낙제하여 내려온 같은 반 친구를 장난삼아 들먹이며 했던 말이 아마도 마음에 걸렸던 모양이다.

"우와!"

성적표를 펼치며 내 입에서는 감탄사가 터져 나왔다. 행동발달사항까지 전 과목 2점. 잘했다고 작은아이를 안아서 뽀뽀 세례를 퍼부었다.

"겨우 그것 가지고, 나는 항상 일 점만 받았는데."

샘이 났는지 큰아이가 한마디 거들었다.

"너랑 같니? 네 동생은 처음부터 완전히 혼자 한 거야."

동생을 깎아 내리려고 이죽거리던 큰아이에게 쏘아붙이자 둘째는 더 신이 났는지 의기양양해서 말했다.

"엄마, 나 형아보다 잘한 거지? 나 혼자 했잖아!"

평소에 공부라면 형에게 주눅이 들어서 말도 못 꺼내던 녀석이 이날만은 신이 났다.

"그럼." 하면서도 속으로는 '너만 혼자 하니? 네 친구들도 다 그런다, 이 녀석아'라며 웃음이 튀어나오는 것을 참아야 했다.

사실 평균 2점이라는 성적에 더 만족할 수 있었던 것은 시험 성적으로만 점수를 매기지 않는 평가 방식 때문이다. 독일 선생님들은 수업시간마다 학생의 수업 태도와 수준을 평가한다. 시험 때만 벼락치기로 공부를 해서 어쩌다 1점을 받는다 해도 수업시간에 발표 능력이 이에 미치지 못한다면 성적표에서 1점을 기대하기는 힘들다. 전체 점수에서 선생님의 개인적인 견해가 50퍼센트를 차지하니 당연한 일이다. 또한 이 때문에 더 정확하게 아이의 수준을 객관적으로 판단할 수도 있다.

작은아이를 독일식으로 키우기로 결심하고 학교 공부에 관여하지 않았지만 그동안 내심 불안했던 건 사실이었다. 초등학교에 입학하면서 겨우 알파벳을 배우기 시작했는데 1학년 말이 되니 책을 술술 읽어 내려가는 것을 보면서 무척이나 신기했다.

'학교 교육만으로도 이렇게 될 수 있구나!'

독일 사람들이 들으면 웃을 일이지만 첫째 아이를 초등학교에 보내면서 나는 절대 그러면 안 되는 줄 알았다. 둘째 아이가 동화책을 보기 시작한 것은 혼자서 책을 읽을 수 있는 1학년 말부터였다. 유치원 때 벌써 초등학교 동화책을 술술 읽던 큰아이와 비교하면 늦어도 한참 늦었지만, 평범한 독일 아이 수준이니 뒤처지는 것은 아니었다.

작은아이 공부를 위해 내가 집에서 해준 것이라고는 숙제하다가 모르는 것을 질문하면 도와주고 스스로 책을 읽을 수 있는 분위기를 만든 것뿐이었다. 수학도 독일어도 진도가 어떻게 나가는지 알고 싶지도 않았고 알려고 하지도 않았다. 이렇게 아이 공부에 여유를 부릴 수 있다는 것이 신기할 정도로 무관심했다. 그럼에도 전체 성적에서 2점을 받았다는 것은 참으로 놀라운 일이었다.

독일에서 평균 성적 2점이란 어떤 의미일까? 독일 학교는 성적을 1에서 6점으로 나눈다. 1점이 가장 높고 5점과 6점은 낙제점이다. 학교마다 약간 차이는 있지만 1점은 한 반에서 한두 명 정도에 불과하다. 절대평가이기 때문에 받기 쉬운 점수는 아니다. 물론 아무도 못 받는 경우도 있다.

그 다음이 2점, 중상위권이라는 소리다. 3점은 아이들이 가장 많이 받는 점수다. 독일 학부모들은 3점 정도만 받아도 만족한다. 독일에서는 3점을 베프리디겐드befriedigend라고 부른다. 즉 충분하다, 넉넉하다는 의미다. 그러니 예전 우리나라에서 수,우,미,양,가로 나누던 평가 기준과는 약간의 차이가 있다. 4점을 받으면 공부를 조금 더 시키라는 선생님의 조언을 듣게 되고 중요 과목 평점이 5점 이하면 학년을 올라갈 수 없다.

큰아이 선생님과 면담을 하면서 알게 된 일인데 많은 독일 기업이 직원을 채용할 때 2점이라는 점수를 선호한다고 한다. 분야에 따라 차이는 있겠지만 보통 일반 사무직일 경우 성적이 1점인 지원자보다 2점을 받은 사람을 고용한다는 것이다. 성적이 우수한 사람은 지나친 경쟁심으로 동료들과 어울리기 어려워하고, 일이 자기 뜻대로 해결되지 않으면 수긍하지 못하여 조직에서 걸림돌이 될 수도 있다는 것이 선생님의 설명이었다.

이 논리는 학교에서도 마찬가지로 적용된다. 1점 받는 아이가 선생님의 주목을 독차지하지 않는다. 착하고 성실하면서 성적도 우수하다면 더할 나위 없겠지만 성적밖에 모르고 버릇없는 아이는 선생님의 싸늘한 질책과 친구들의 따돌림을 감수해야 한다. 마치 '이 사회는 너 같은 아이가 발붙일 자리가 없다'라고 엄중한 경고를 내리는 것 같다.

독일 아이들이 성적을 올리기 위해 죽자고 노력하지 않는 것도 이런 분위기 때문이다. 황급히 과외 선생을 찾고 공부에 신경 쓰기 시작할 때는 4점 이하의 성적을 받았을 때다. 4점은 위험하다는 신호다. 하지만 한두 과목에 신호가 오는 정도로는 끄떡도 하지 않는다. 벼랑 끝에 섰다 싶으면 그제야 아이도 부모도 다급해진다.

수업시간에 선생님은 3점에서 4점 정도를 받는 아이들에게 가장 관심을 기울인다. 그들을 2점으로 끌어올리면 그 수업은 성공한 것이라고 본다. 수업 진도 역시 그들이 이해할 때까지 반복 또 반복한다. 그러니 성적이 우수한 아이는 뻔히 아는 내용도 듣고 또 들어야 한다. 어찌 생각하면 찬밥 신세나 다름없다. 수업시간에 손을 들어도 잘하는 아이에게는 좀처럼 기회가 주어지지 않는다. 그래서 우수한 아이를 한 학년 건너뛰게 하는 월반이라는 제도가 생겨나지 않았나 싶다. 상위권 몇몇 학생 위주로 수업이 진행되는 우리나라와는 대조적인 모습이다.

이처럼 2점은 가장 이상적인 점수다. 또한 학교 수업만 착실히 따라가면 누구나 받을 수 있는 성적이기도 하다. 선생님도 거기까지는 최대한 지원을 아끼지 않는다. 뿐만 아니라 시중에 나온 참고서나 문제집도 모두 여기에 수준을 맞추고 있다.

이런 것을 보면 독일 학교는 세상을 바꿀 뛰어난 엘리트보다 사회의 구성원으로서 원만하게 조화를 이루는 사람을 길러내는 데 더 주안점을 둔다는 것을 알 수 있다.

학교에서 안 배웠는데
시험에 나왔다고?

아무리 소신을 가지고 사교육 없이 아이를 키우고 싶어도 수업 중에 배우지도 않은 문제가 시험에 나온다면 고민될 것이다. 과연 그런 시험을 대비해 학생들에게 어떻게 공부하라고 일러주는지도 의문이다.

블로그에 독일 교육에 관한 글을 올리기 시작하면서 한국 학부모나 현직 교사들과 소통을 할 수 있게 되었다. 또한 이를 통해 지금도 변하지 않은 한국의 교육 현실도 실감했다. 내 블로그 '독일 교육 이야기'의 어느 독자는 '변별력'을 높이겠다고 학교에서 배우지도 않은 문제를 시험에 출제했다는 내용의 댓글을 남겼다.

얼마 전 중학교 1학년이 된 딸을 둔 친구를 만났습니다. 딸아이가 첫 수학 시험을 보았는데 간신히 50점을 넘겼답니다. 나름 공부를 열심히 하고 시험을 봤는데 황당했지요.

이유를 알아보니 학교에서 공부한 문제가 거의 나오지 않았더랍니다. 그래서 선생님에게 따졌답니다. 학원을 다녀 선행 학습을 하지 않으면 풀지도 못하는 문제를 왜 냈느냐고. 선생님 답변은 궁색하게도 "학교에서 배우지 않은 것을 내서 미안한데 변별력을 높이려면 이 방법밖에 없구나"였습니다. 결국은 친구 딸도 학원을 다니기 시작했다고 합니다.

우리는 변별력 때문에, 경쟁 때문에 배우지 않아도 되는 것을 목숨 걸고 배우도록 만드는 것 같습니다. 정작 대학에서도 써먹지 않는 복잡한 내용인데 단지 비교 우위를 가려내기 위해 아이들을 학원으로 내몬다는 쓸쓸한 생각이 들었습니다. 다른 방법은 정말 없는지? 긴 인생에서는 학원에서 배워 얻는 점수보다도 중요한 것이 훨씬 많은데 말이지요.

이제 초등학교 5학년인 아들을 보며 조만간 다가올 미래를 다시 한 번 고민해 보는 시간이 되었습니다.

이건 정말 아니지 않은가. 결과적으로 학원이나 과외를 통해, 혹은 부모에게라도 미리 배우지 못하는 사람은 좋은 성적은 꿈도 꾸지 말라는 소리와 마찬가지다.

얼마 전에 이와 비슷한 일이 4학년인 작은아이의 반에서도 발생했다. 수학 시험에서 배우지 않은 두 문제가 출제되어 전체적으로 점수가 내려간 것이다. 작은아이 반에는 아주 뛰어난 학생이 없었는지 한 명도 정답을 쓴 사람이 없었다. 마침 시험지를 받은 바로 그날 저녁에 학부모 회의가 있어 몇몇 부모가 선생님에게 정식으로 문제를 제기했다. 독일 선생님도 학생의 변별력을 측정하기 위한 시도였다는 비슷한 대답을 했다. 그리고 투덜거리는 부모들에게 이 두 문제는 약간의 가산점을 주었을 뿐 정식으로 점수에 포함시키지 않았다고 열심히 해명했다. 그 말을 듣자 나는 '그럼 그렇지. 별 문제도 아닌데 난리야!'라고 단순하게 생각했다.

그러나 독일 부모들은 거기서 끝나지 않았다. 중요한 것은 두 문제가 아니라 그 때문에 아이들이 시간을 끌어 시험 시간이 부족했다는 사실이다. 그 말을 듣고 생각해 보니 우리 아이도 시험이 끝나고 검토는커녕 마지막 문제는 시간이 모자랐다고 투덜거렸던 기억이 났다. 옥신각신하다 결국 선생님이 잘못을 인정하고 전체적으로 점수를 올려준다는 방향으로 결정이 났다.

부모들이 따지는 것이며 선생님이 즉각적으로 시정하는 것으로 봐서 분명 법에 명시된 기준이 있을 것이라는 생각이 들었다. 법이라면 꼼짝 못하는 독일인의 특성상 학부모들이 객관적인 타당성도 없이 그렇게 당당하게 주장하지는 못했을 것이며 또 선생님이 이유 없이 꼬리를 내리지도 않았을 것이다.

독일 학교는 (특히 저학년인 경우에는) 정확히 학교에서 배운 내용만 시험에 출제된다. 만일 배우지 않은 내용이 나오면 당장 이런 사태가 발생할 수 있기 때문이다. 간혹 변별력을 가리겠다고 한두 문제 끼워 넣었을 경우 가산점만 약간 주고 못 풀어도 감점은 없도록 하는 것이 원칙이다. 그것도 이번처럼 누군가 문제를 삼는다면 시정해야 하는 상황으로 이어진다.

시험에 학교에서 배운 문제가 거의 나오지 않는 경우 결국 성적을 올리려면 학원에 가서 배워야 한다는 말인데 이는 학교가 스스로 사교육의 필요성을 인정하는 것과 다름없다. 사교육을 근절시키고 학교의 위상을 바로 세우려면 선행 학습을 하고 와서 수업 수준이 낮다고 투덜거리는 학생을 버리는 용단이 필요하다.

앞서 말했지만 독일 학교는 지나치게 우수한 학생을 수업시간에 찬밥 취급한다. 발표할 사람이 없을 때까지 손을 들어도 시켜주지 않아서 예습을 한 보람도 없게 만든다. 그럼에도 계속해서 다른 아이들과 차이가 많이 난다면 월반을 권유한다.

'그러니까 독일 아이들이 공부를 못하지'라고 한다면 할 말 없지만 과연 그렇게까지 해서 변별력을 높이는 일이 중요한지 생각해 보아야 한다. 이러한 방법은 사교육을 조장하여 부모도 학생도 힘들게 만들고 결국엔 소수 '있는 자'만의 천국으로 만든다. 차라리 전체적인 수준을 끌어내리는 것이 다수를 위해 바람직한 길이다. 변별력 때문이라면 배우지 않은 문제를 출제하기보다는 오지선다형이나 단답형에서 벗어나는 것이 제대로 된 해법이다.

성적이 아주 우수한 아이의 부모들은 '지금도 수준이 낮은 데 더 낮추라고?'라며 펄쩍 뛰겠지만 이런 학생을 상대로 학교도 '그럼 과외하지 말든지'라고 자신 있게 대처할 용기가 필요하다.

독일 학교에서 예습은
선생님 무시 행위

학창 시절, 수업이 끝났다는 종소리가 울리면 선생님은 습관처럼 말씀하셨다.

"오늘 배운 것 복습하고 내일 할 것 예습하는 거 잊지 마라! 예습을 철저히 하는 사람이 공부도 잘하는 거 알지? 명심해라."

"네!"

우리는 하든 안 하든 언제나 대답은 큰소리로 열심히 했다. 선생님 말씀에 공감해서라기보다 대답을 빨리 복창해야 자유를 얻는다는 것을 알았기 때문이었다. 하지만 그 와중에도 우등생은 선생님의 당부대로 언제나 예습을 철저히 했다. 몇 안 되는, 수업시간마다 손을 높이 드는 사람은 이미 사전에 공부를 해둔 아이들이었기 때문에 예습을 하지 않은 사람은 낄 자리가 없었다.

그런데 이제 와서 다시 생각해 보면 우리 중에서 어느 누구도 '왜 학교에서 배우지도 않은 내용을 공부해야 하느냐?'라고 이의를 제기하는 사람이 없었다. 으레 그것이 공부를 열심히 하는 길이라 여겼고, 예습을 잘하면 수업시간을 독식하지만 그렇지 못하면 들러리만 서야 한다는 것을 당연하게 받아들였다.

학창 시절 내내 들은 '예습, 복습을 철저히 하라'라는 말 때문에 학생의 본분은 '예습, 복습'이라고 여겨질 정도였다. 독일에 와서 큰아이를 초등학교에 입학시킬 때만 해도 내 머릿속에 깊숙이 박힌 못은 여전히 빠질 줄 모르고 굳건하게 버티고 있었다. 한국식 교육열에 불타던 젊은 엄마인 나는 큰아이 교육에 관한 문제라면 자다가도 벌떡 일어날 정도로 신경을 곤두세웠다. 더구나 파란 눈의 아이들이 장악한 교실에서 '어떻게 나약하기만 한 아이를 주눅 들지 않고 적응시킬 수 있을까'를 늘 고심했다.

그러다가 나름대로 해법을 찾은 것이 독일어였다. '독일 아이들이 가장 확실하게 잘하리라 믿는 독일어를 앞서 나간다면 감히 무시할 수 없겠지.' 이렇게 생각하고 독일에 와서 가장 먼저 한국 동화책을 모두 독일 책으로 바꾸었다. 그것도 정확하지 않은 내 발음으로 읽어 주는 것보다는 차라리 스스로 보는 게 낫겠다는 생각으로 직접 읽게 했다. 아이는 의외로 얼마지 않아 동화책을 술술 읽어 나갔고 초등학교에 입학하기 전까지 하루도 쉬지 않고 어마어마한 분량의 책을 읽었다.

그리고 입학한 초등학교는 내 예상을 전혀 빗나가 있었다. 독일 아이들은 아무도 책을 읽지 못했다. 그때까지도 책은 겨우 엄마가 읽어 주는 수준이었고 초등학교 1학년부터 알파벳을 배우기 시작하는 것이었다.

아니나 다를까, 입학을 하고 얼마 지나지 않아 선생님의 호출이 시작됐다. 아이가 1학년 수준에서는 지나치게 많은 것을 알고 있으니 월반을 시키라는 것이었다. 큰아이는 다시 한국으로 돌아간다는 생각에 한국 학년에 맞추느라 1년을 일찍 입학한 상태였다. 때문에 다른 아이보다 어린 것도 걱정인데 월반이라니 덜컥 겁이 났다. 월반을 하지 않는 대신 '앞으로 절대 미리 공부시키지 않겠다' 하고 선생님과 약속했지만 그 후에도 초등학교에 다니는 동안 심심하면 한 번씩 월반이 거론되곤 했다. 유치원 때 읽었던 동화책의 두께가 초등학교 내내 영향을 미친 것이다. 물론 그 후에도 책을 읽는 습관은 버리지 않았지만 지금껏 우리 아들은 예습을 하지 않는 것을 철칙으로 삼고 있다.

독일 학교에서 예습이란 우리가 생각하는 것처럼 그렇게 간단한 문제가 아니다. 예습을 한 아이들은 다른 학생의 학습 의욕을 저하시키는 피해를 끼칠 뿐만 아니라 선생님을 무시하는 행위로까지 간주된다. 교사가 아이들의 생각을 유도하기 위한 질문을 던졌는데 누군가 앵무새처럼 대답해 버린다면 생각할 기회를 박탈당한 다른 아이는 피해자가 되는 셈이다. 또 교사가 나름대로 수업 계획을 세워두었는데 이미 공부해 온 아이의 방해로 수업 진행에 차질을 빚으면 이는 일종의 '공무집행 방해'라고 해야 하나, 그런 문제로 받아들여진다.

큰아이가 김나지움 6학년을 다니던 때였다. 예습을 열심히 해 가던

한 친구가 수업시간에 선생님에게 꾸중을 들은 이야기를 해서 재미있게 들은 기억이 난다. 그 친구는 많은 과목을 집에서 미리 공부하고 수업에 들어왔다. 그러다 보니 넘치는 자신감을 주체 못하고 선생님의 질문이 떨어지기가 무섭게 납죽납죽 대답을 해대자 참다못한 선생님이 심한 소리를 했단다.

"너 한 번만 더 미리 공부해서 수업을 방해하면 월반을 시켜 버리겠다! 넌 그걸 원하고 이렇게 행동했는지 모르지만 너 정도의 수준으로 월반을 하면 분명 수업을 따라가지 못하고 일 년 후 다시 낙제하게 될 테니 그런 악순환을 반복하고 싶지 않으면 알아서 해라."

선생님이 아이에게 하는 훈계치고는 아주 현실적이고 섬뜩하기까지 하지만 돌려서 말하는 것에 익숙하지 않은 독일 사람들의 특성상 충분히 할 수 있는 말이었다.

듣고 보니 구구절절 맞는 이야기인데 우리는 왜 거기까지 생각하지 못했을까. 그만큼 우리가 상위권 몇 명만을 위한 교육에 익숙해져 있다는 소리다. 선생님에게 새로운 내용을 배우는 것이 아니라 예습을 해야 수업을 이해할 수 있다고 믿었던 잘못된 교육 풍토. 아직도 한국에서 그런 악습이 반복된다는 사실이 안타깝다.

듣자니 지금은 선행 학습 경향이 더 심해졌다고 한다. 몇 년 전 한국을 방문했을 때 당시 학교에서 공부를 아주 잘하던 큰조카에 관한 이야기를 듣고 어이없었던 일이 생각난다.

그 아이는 중학교까지 항상 전교 수석을 자랑하던 수재였기 때문에 큰 어려움 없이 과학고등학교에 우수한 성적으로 입학했다. 당시만 해도 아이들 뒷바라지를 순진하게 했던 시누이는 과학고에 들어온 아이들이 선행 학습으로 진도가 이미 저만큼 앞서 있다는 사실을 알고 뒤통수를 맞은 느낌이었다고 했다.

자신감에 차 있던 시누이는 아이가 서울대에 가지 못하리라고는 생각해 본 적도 없었다. 그러나 선행 학습을 하지 않고 고등학교에 입학한 아이는 1학년 내내 수업을 따라가느라 정신이 없었고 내신에서 우위를 선점하는 것은 포기해야 했다. 결국 내신 성적 때문에 원하던 대학에는 원서도 내지 못했다.

당시 고등학교 2학년이었던 조카는 차라리 학교를 그만두고 검정고시를 준비할까 고민했다. 하지만 과연 공교육을 포기하면서까지 서울대를 고집할지 선뜻 결정을 내리지 못했는지 조카는 고등학교를 졸업하고 다른 명문 대학에 입학했고 지금은 나름대로 만족하면서 잘 다니고 있다. 그러나 조카는 선행 학습을 못해서 목표를 이루지 못한 전형적인 사례였다. 이는 한국 학교가 얼마나 본분을 잊고 제 역할을 못하는지 여실하게 보여주는 사례다. 학교가 학생들에게 새로운 지식을 전달해 주는 곳이 아니라 학원에서 잘 배우고 있는지 점검하는 곳으로 전락했다. 그런 환경에서 어찌 교사의 권위를 제대로 세울 수 있으며 어떻게 '교육의 질'을 논할지 답답할 따름이다.

한국 초등학교 1학년
독일 가면 모두 영재

"엄마! 오늘 수학 시간에 칠 더하기 팔을 맞힌 사람이 우리 반에서 나밖에 없었어!"

"정말? 와, 우리 아들이 최고네. 너희 반 아이들은 그걸 못해?"

"응, 책도 나 빼곤 아무도 못 읽어."

11년 전 초등학교에 입학할 당시만 해도 한국식 교육을 고수하던 엄마 덕에 책을 읽고 덧셈과 뺄셈 정도는 무난히 했던 큰아이가 1부터 10까지의 덧셈 중에서 가장 어려운 7+8의 정답을 정확하게 알고 발표한 사람이 자기밖에 없었다고 자랑하던 기억이 난다. 그때는 나도 '우리 아들 최고!'라며 함께 호들갑을 떨었다.

4년 전에 초등학교에 입학한 둘째 아이에게는 들어 보지 못한 자랑거리였다. 한국식 공부만 생각하다가 독일 초등학교 아이들을 보면 때로는 바보같이 느껴질 때도 있다. 당시에는 독일 아이가 한심하게 보였고 '혹 우리 아들이 정말 영재인가?'라는 착각에 우쭐했는데 지금 생각하면 여기 분위기를 전혀 모르던 그때가 부끄럽기까지 하다.

우리나라 초등학교 입학생의 국어와 수학 실력은 어느 정도일까? 모르긴 해도 아마 대부분 읽고 쓰고 100단위의 숫자까지도 계산하는 아이가 적지 않을 것이다. 10년 전 한국에서 아이 교육에 관심을 갖기 시작하던 때 나도 여느 부모처럼 아이가 읽고 쓰는 것에 익숙해지도록 날마다 동화책을 읽어 주었고 그림에 맞는 단어를 찾아 줄을 긋는 기초적인 문제집들을 사들였다.

독일에 오기 전에는 나도 어떻게 하면 아이가 공부에 싫증을 내지 않고 놀이처럼 즐겁게 인식하도록 할까를 궁리했다. 사실은 '놀이처럼 즐겁게 하는 공부'가 아니라 '그 작은 머릿속에 어떻게 하면 하나라도 더 집어넣을 수 있을까'를 연구했던 것 같다.

세 살 무렵부터 공부를 시키려고 한 셈이니 초등학교에 입학할 때에는 아마 독일 초등학교 3,4학년 수준은 되지 않았나 싶다. 아마 지금 한국 부모들은 더하면 더했지 덜하지는 않을 것이다. 그러나 다행히 요즘에는 무조건 남이 하는 대로만 따라가려는 부모보다 자신의 교육 철학에 따라 아이를 가르치려는 부모가 늘어나는 추세라고 들었다. 여하튼 한국 초등학교 1학년 수준은 대부분 독일에 오면 영재로 분류될 확률이 높다.

독일 초등학교 1학년 학생을 대상으로 영재를 구분하는 기준을 보면 정말 어이없을 정도로 한심하다. 자연스럽게 읽고 쓰면서 100단위의 숫자를 계산할 수 있으면 대체적으로 영재라고 한다. 독일에서는 초등학교에 입학할 때 전혀 책을 읽지 못한 상태로 시작하는 것을 원칙으로 삼으며 또 실제로 대부분 학기 초에는 전혀 글을 읽지 못한다.

초등학교에 입학하면 독일어는 알파벳을 쓰는 방법부터 시작해서 ABC 순으로 관련된 단어들을 하나씩 익혀 나가며, 수학은 1년 내내 1부터 20의 범위에서 덧셈과 뺄셈을 하는 연습을 한다. 이와 비교하면 영재로 분류되는 아이들의 수준이 높은 것은 확실하다. 다른 학년의 기준까지는 정확히 알 수 없지만 초등학교 1학년이 이 정도이니 다른 학년도 대충 짐작이 된다.

독일은 초등학교 1학년부터 김나지움 13학년까지 전체 학생 중 2퍼센트 정도를 영재로 분류한다. 그런데 사교육이든 제도권 교육이든 영재를 위한 교육 시스템을 찾아내기 쉽지 않다. 이 때문에 영재를 키우는 부모의 불만이 그치지 않지만 뾰족한 대책을 세우지 않는 분위기다.

물론 월반이라는 제도도 있고 영재 기숙학교 등을 운영하기도 하지만 부모의 기대를 충족시키기에는 턱없이 부족하다. 이 때문에 영재들이 적절한 환경을 만나지 못해 사장되는 경우가 많다고 한다. 이 부분이 바로 오늘날 독일 교육이 국제 경쟁력에서 밀리는 중요한 이유인데도 그저 문제만 제기될 뿐이다.

독일인은 왜 영재를 우습게 여길까. 공부뿐 아니라 천재 바이올린 소녀, 천재 피아니스트 소년, 천재 운동선수 등 '천재'라는 이야기가 나올 때마다 이들의 반응은 한결같다. '어린 것이 그렇게 되기 위해서 얼마나 살인적인 연습을 했을까. 아이들은 뛰어놀아야 하는데……'이다.

그런데 나도 두 아이를 키우다 보니 어린 시절의 영재는 부모에 의해 만들어지는 경우가 대부분이라는 것을 알게 되었다. 누가 더 아이 머릿속에 많이 넣느냐, 아니면 혹독하게 연습시켰느냐에 따라 결과가 달라지는 것이다. 그렇게 되려면 부모의 노력은 물론이고 아이들도 뛰어놀 수 있는 자유를 포기해야 한다. 독일 선생님과 부모들이 영재에 대해 열광하지 않는 이유도 바로 이 때문이다.

나도 사실 이 부분에서는 정확한 판단을 내리지 못했다. 과연 영재를 홀대하는 독일식 교육이 바람직한 방향으로 나아가고 있다고 봐야 할지도 의문이다. 인성 교육을 중시하는 사회적 분위기와 시스템이 좋다는 것은 두말할 나위 없지만 이 두 가지를 조화롭게 병행시키는 것이 쉽지 않아 보인다.

학생이 스트레스 받을까
시험 날짜가 비밀

작은아이 반 학부모회에서 있었던 일이다. 특별한 일이 없다면 선생님을 개인적으로 만나지 않지만 한 학기에 두 번 정도 열리는 학부모회는 빠지지 않고 참석한다. 학교의 모든 크고 작은 행사 날짜와 준비 사항 등이 이 회의를 통해서 결정되고, 교사에게서 학습 진도와 시험 계획에 관한 이야기도 들을 수 있는 중요한 모임이기 때문이다.

그런데 회의 며칠 전 같은 반 친구 엄마들과 만난 자리에서 시험에 대한 이야기를 주고받으면서 투덜거린 일이 있었다. 사정은 이러했다. 보통 선생님들은 시험 전에 미리 날짜를 알려 주는데 어떤 선생님은 불시에 보는 바람에 평소에 차분히 공부를 시키지 않으면 낭패를 보는 경우가 있었다.

우리 아이 선생님도 번번이 예고 없이 보는지라 학부모들의 불만이 이만저만이 아니었다. 특히 4학년 성적은 상급 학교 진학에 중요한 기준이 되기 때문에 신경이 곤두설 수밖에 없었다. 우리는 이번 학부모 회의 땐 반드시 이 문제를 확실히 짚고 넘어가자고 입을 맞추었다.

이날 회의에서는 새로운 학부모 대표를 선출하고 앞으로 열릴 등불 축제와 크리스마스 파티의 날짜와 방법 등을 토의했다. 그 뒤 한 학기 학습 진도와 시험에 관한 선생님의 설명이 이어지자 기다렸다는 듯이 한 엄마가 말을 꺼냈다.

그녀는 '도대체 왜 시험을 예고도 없이 치르는 것이냐, 시험을 위해 약간이라도 준비하는 것이 당연하지 않느냐, 특히 이번 학년 성적은 상급 학교 진학에 중요한 기준이 될 텐데 하루 전이라도 시험 날짜를 알려 주어야 하는 것 아니냐'라고 따져 물었다.

나도 적지 않은 불만을 가지고 있던 터라 벼르던 참이었다. '가뜩이나 놀기만 하는 아이들인데 그나마 시험 기간만이라도 공부 좀 시켜야 하는 것 아니냐?'고 따질 준비를 하며 기다렸다. 그런데 '한번 생각해 보겠다'라는 말을 기대했으나 의외로 선생님은 '앞으로도 계속해서 예고 없이 볼 것'이라며 시정을 거부했다. 나는 그래야만 진짜 실력을 알 수 있기 때문이라는 이유라고 짐작했다. 시험 전에만 죽도록 공부해서 반짝 성적을 내는 것은 진짜 실력이 아니라고. 평소에 듣기야 많이 들었지만 그것도 교사에 따라 모두 다르니 학부모로서는 어느 장단에 맞춰 춤을 추어야 하는지 판단이 서지 않았다. 모두 불만이 가득한 얼굴로 입을 달싹거리는데 시험을 예고 없이 보는 이유를 듣고는 할 말이 없어졌다.

"시험 날짜를 미리 알려 주면 부모는 분명 아이를 놀지 못하게 하고 공부만 시키려 할 것이 뻔합니다. 시험 때문에 받는 스트레스가 얼마나 큰지는 여러 연구 결과를 통해 알려졌습니다. 날짜를 예고해서 아이들이 스트레스 받게 하고 싶지 않습니다."

전혀 예상 밖의 대답에 모두 말문이 막혔다. '시험 전에 몰아서 하는 반짝 공부보다는 평소 실력이 중요하기 때문'이라는 응답에 대한 예상 질문까지 뽑아둔 나도 할 말이 사라졌다. 따질 자세로 덤벼들던 엄마들이 고개를 끄덕이며 모두 동의하는 분위기가 되면서 벼르고 벼르던 문제는 시시하게 끝났다.

어이없기도 했지만 보아 하니 더 이상 이야기하다가는 공부 때문에 아이의 정서에는 관심도 없는 무식한 부모로 비칠 것이 뻔해 입을 꾹 다물었다. 마음속으로는 여전히 불만이 있어도 선생님 말에 틀린 부분이 없기에 답답한 마음으로 회의를 끝냈다.

이날 선생님의 대답은 내게도 뜻밖이었다. 이제는 독일 교육에 많이 익숙해졌지만 가끔 '아직도 멀었구나'라고 느낄 때가 바로 이런 상황이다. 왜 거기까지 생각하지 못했을까. 시험을 불시에 보는 이유에 대해 나는 당연히 평소 실력을 평가하기 위해서라고 믿었다. 그런데 아이들이 받게 될 스트레스 때문이었다고?

그런데 여기서 더 엉성한 현실은 교사의 개인적인 교육관에 따라 반마다 학교마다 기준이 모두 다르다는 것이다. 특히 초등학교의 경우 어떤 선생님은 반드시 며칠 전에 날짜를 예고해 주는가 하면 어떤 선생님은 그렇지 않다. 시험 날짜를 알려 준다고 해서 초등학생을 지나치게 공부시킬 부모도 거의 없겠지만 무슨 스트레스를 그렇게 받는다는 것인지 너무 과한 걱정이라는 생각도 든다.

이렇게 자기 판단만으로 결정할 수 있는 독일 교사들의 교권은 우리가 생각하는 것 이상으로 우뚝 서 있다. 이것도 아마 경쟁 없는 교육의 결과일 것이다. 옆 사람과 옆 반과 다른 학교와 비교하여 순위를 정해야 한다면 절대 불가능한 일이다.

교사의 소신을 발휘하는 데 독일 학교만큼 좋은 환경도 없다. 선생님의 주관이 개입될 수 있는 평가 방식도 그렇고 평가 항목과 기준이 교사마다 다르다는 점도 그렇다. 이 모든 것은 학부모의 믿음이 절대적으로 필요한 일이다. 학부모와 교사 사이에 믿음이 깨질 경우 발생할 분쟁의 소지가 곳곳에 널려 있음에도 큰 잡음 없이 교육제도가 잘 굴러간다는 것이 신기할 따름이다.

꼴찌만 과외가 필요한 나라

한국은 사교육 때문에 중산층 가계가 휘청거리는 일이 어제 오늘 일이 아니다. 해결 방법은 과연 없는 것일까. 돈이 없어도 공평하게 경쟁해서 대학에 들어갈 수 있는 진정한 평등은 우리 사회에서 실현 불가능한 일일까. 다른 문화적 차이도 많겠지만 특히 사교육 문제에 관해서 독일과 한국은 너무도 다르다. 독일에 살면서 나는 사교육 때문에 고민에 빠지는 사람을 본 적이 없다.

큰아이는 김나지움 11학년에 재학 중인데 독일에서 학교를 다니는 동안 지금까지 학원을 단 한 번, 그것도 일주일에 한 시간씩 한 달 정도 다닌 일이 전부였다. 횟수로 따지면 네 번이다. 그때를 생각하면 지금도 웃음이 나고 약간은 쑥스러워지기까지 한다.

아이는 학년이 올라가면서 내가 더 이상 지도해줄 수 없는 수준이 되었다. 그러자 불안해진 나는 슬슬 한국 엄마 특유의 본능을 발동하기 시작했다. 가만히 두어도 그냥저냥 잘 따라갈 수 있는 아이를 더 확실하게 가르치겠다고 학원을 알아본 것이다.

집에서 가까운 곳으로 수소문해 보니 학원 비슷한 곳이 있기는 했다. 작은 건물 한 층을 빌려 시의 지원을 받아 운영하는 사설 학원이었다. 대여섯 명 정도가 둘러앉으면 꽉 찰 것 같은 작은 교실이 서너 개 있었고 원장이라는 사람이 혼자 경리도 보고 전화도 받고 등록도 관리했다.

한국처럼 학생들로 북적대는 학원 풍경을 기대한 것은 아니었기 때문에 썰렁한 분위기에 당황하지는 않았다. 그런데 문제는 아이의 반응이었다. 등록과 상담을 마치고 수업에 들여보냈더니 끝나고 나온 아이의 표정이 영 떨떠름했다.

강의 내용이 너무 쉬워 배울 것이 없었고 선생님도 우리 아이를 아주 희한한 학생으로 취급하더라는 것이다. '도대체 네가 학원에 나오는 이유가 무엇이냐?'라고 꼬치꼬치 묻더니 무엇을 어떻게 가르쳐야 할지 난감한 표정을 지었다고 했다.

왜 학원에 나오느냐는 질문에 할 말이 없었던 아이는 무척 황당했던 모양이다. '성적을 좀 더 올리고 싶어서요'라든지 '지금보다 더 잘하려고요'라는 말은 사실 독일에서는 좀 민망한 대답이고 친구들에게 놀림감만 되기 십상이다. 경우에 따라서는 '공부만 밝히는 공부벌레'라는 식의 안 좋은 인상을 남길 수 있다.

독일 아이들은 잘하는 것은 고사하고 학교 수업을 어느 정도 따라가기만 해도 과외나 학원이란 말을 전혀 생소하게 생각하기 때문에 학원 선생님에게 우리 아이가 특별해 보이는 것은 당연했다.

분위기를 보니 학원을 다니는 학생은 모두 다음 학기에 낙제할 위기에 처한 아이들이라고 했다. 우리 아이는 미리 지불한 학원비가 아까워 몇 번 더 나가기는 했지만 결국 아무리 생각해도 시간만 낭비하는 것 같다며 할 수 없이 그만두고 말았다.

그 경험을 통해 나는 말로만 듣던 '나흐힐페Nachhilfe'라는 독일식 과외가 무엇인지 정확하게 알 수 있었다. 독일인에게 사교육이란 공부를 잘하는 학생이 성적을 더 올리기 위해 필요한 것이 아니라 다음 학기에 학년을 올라갈 수 없을 정도로 심각한 극소수 아이들만을 위한 응급 처방이었다.

1점부터 6점까지 나뉘는 독일 학교 성적에서 3점 정도의 점수를 받는 아이에게 과외를 시키겠다고 상담을 하면 어떤 선생님도 찬성하지 않는다. 잘못 물어봤다가는 훈계만 잔뜩 얻어들어야 한다. 그러니 대부분의 학생들은 공부를 완전히 학교 수업에만 의지할 수밖에 없다. 또한 제도적으로도 선행 학습을 금지시키고 있다. 미리 배워서 알아 간다면 이는 교사의 수업 진행을 방해하는 것으로 간주한다.

결국 한 반 30여 명의 학생들은 모두 비슷한 여건에서 수업을 받게 되고, 성적이 좋고 나쁜 것은 전적으로 수업시간에 누가 더 집중을 잘하느냐에 달렸다고 해도 과언이 아니다. 거기에다 숙제와 시험을 대비해서 하는 한두 차례의 복습이 전부다. 사정이 이러하니 산만하고 집중력이 떨어지는 아이들은 한국에서도 물론 힘들겠지만 과외도 시킬 수 없는 독일에서는 거의 구제 불능이 된다.

이처럼 순수하게 공교육에만 의존하는 독일식 교육이 과연 얼마나 깊이가 있을까 의구심이 생기겠지만 학교에서 제출한 시험문제를 보면 결코 수준이 낮지 않다는 것을 알 수 있다. 보통 고학년 독일어나 영어 시험 문제는 한국에서는 대학 전공자나 풀 정도로 수준이 높은 논술 문제가 주를 이룬다.

아이가 학교에서 시험지를 받아올 때마다 깊이 있는 지식과 사고를 요구하는 문제들을 보면 학교가 단순히 경쟁에서 이기기 위한 연습을 시키는 것이 아니라 제대로 된 지식을 심어주기 위해 노력한다는 것을 깨닫는다.

독일이 국제학력평가PISA에서 저조한 성적을 기록하는 것도 이러한 시험 출제 경향이 한 원인이다. 죽자고 공부하지 않는 학생들의 수준 탓도 물론 있겠지만 독일 교육계에서는 대회의 문제 유형에 학생들이 익숙하지 않은 이유도 큰 부분을 차지한다고 자체적으로 분석한다.

나는 이런 경험을 통하여 사교육 없이 학교 교육만으로도 얼마든지 양질의 수준을 유지할 수 있다는 것을 알았다. 하지만 우리에게는 과연 누가 먼저 고양이 목에 방울을 달 것인가가 가장 큰 난관이다. 자식의 미래가 걸린 교육에서 모험을 감수할 용감한 부모가 과연 몇이나 될까. 안타까운 일이지만 지금 내가 한국에 살고 있다고 해도 자신이 없기는 마찬가지였을 것이다.

학교는 우등생만을
위한 곳이 아니야

    수학이라면 제법 한가락 하는 큰아이가 수학경시대회에 참가한 적이 있다. 혼자 힘으로 시 대회까지는 무난히 입상했지만 도 대회 정도가 되니 아무리 독일이라 해도 역시 따로 공부를 해야겠다는 생각이 들어 문제집을 구하러 서점에 갔다. 그런데 아무리 문제집 코너를 샅샅이 뒤져도 얄팍한 기출 문제집 한 권을 제외하고는 경시대회를 위한 책을 찾을 수 없었다.

    인터넷을 뒤져도 마찬가지였고 시중에 나온 문제집들은 중하위권 아이를 위한 것이었기 때문에 대회 준비에는 전혀 도움이 되지 않았다.

    경시대회 문제집만으로 벽면 하나를 가득 채우고 남았을 한국 서점을 생각해 보면 너무 당황스러운 광경이었다. '그럼 도대체 어떻게 하라는 거야!'라고 중얼거리며 서점을 서성거리다 짜증까지 났다. 과연 독일에서는 수학경시대회를 어떻게 준비하는지 알아야겠기에 수학 선생님을 만나러 학교를 방문했다. 외국인이라 정보가 없어서 그럴지도 모른다는 생각이 들어 '좋은 문제집이 있으면 추천해 주십사'라고 말하자 선생님은 '서점에 나와 있는 것이 전부일 것'이라는 의외의 대답을 했다.

그럼 대회를 미리 준비하고 싶은 사람은 어떻게 해야 하느냐고 묻자 자기도 방법을 모르겠다며 질문하는 나를 오히려 이상하게 바라보았다. 수학경시대회는 수학적인 사고를 하는 데 영재성이 있는 아이들이 참가하는 대회일 뿐 그것을 위해 따로 공부할 필요는 없다는 것이다. 참으로 어이없는 대답이었다. 독일이 매년 국제대회에서 부진을 면치 못하는 이유를 알 것 같았다.

그 후 매해 빠지지 않고 전국대회에 출전하는 같은 반 친구를 통해 독일에서 체계적으로 지원을 받으려면 전국대회나 세계대회에 출전을 해야 한다는 것을 알 수 있었다. 그것도 3박4일 정도의 짧은 수학 캠프가 다였다. 그밖에 시·도 대회까지는 대부분 교재도 없이 혼자 혹은 부모의 도움으로 공부했거나 정말 수학적인 사고에 익숙한 아이들이 두각을 나타내는 경우가 전부였다.

나는 이참에 그동안 독일 학교에 품었던 불만을 선생님에게 거침없이 쏟아내기 시작했다. '독일은 성적이 우수한 아이를 위한 지원이 너무 없다. 서점을 아무리 둘러봐도 수준 있는 참고서 하나 없으니 어쩌란 말이냐'라며 투덜거리니 선생님은 내가 알지 못했던 독일 교육의 방향에 관한 이야기를 해주었다.

독일 학교는 우수한 아이들을 지원하는 데 목표가 있는 것이 아니라 평균에 못 미치는 아이들을 끌어올리는 데 더 주안점을 둔다고 했다. 잘하는 아이들은 혼자서도 얼마든지 제대로 된 길을 찾을 수 있고 또 대학에 가서도 더 깊이 배울 수 있는 기회가 주어지니 그리 시급한 문제가 아니라는 것이다. 하지만 중하위권 아이는 절대적으로 도움이 필요하며 학교가 그 아이들을 버린다면 사회에서 그들을 받아줄 곳은 어디에도 없다는 것이 선생님의 설명이었다.

감동적인 말이긴 했지만 우리 아이가 평범한 다수가 되는 것보다 특별한 한 사람이 되기를 원하는 여느 다른 부모처럼 나 역시 그랬다. 성적이 우수한 아이는 한국이나 미국 같은 곳에서 공부를 해야 사회적인 관심과 지원을 받을 수 있는 것 같다고 말했더니 선생님은 흥분해서 더욱 독일식 교육에 대해 항변했다.

선생님은 수업시간이 지났음에도 나를 위해 독일 교육의 장점들을 쏟아내며 구체적인 예를 들기도 했다. 성적이 특별히 좋은 아이들에게는 월반이라는 좋은 제도가 있는데 1년을 월반하면 연봉 5만 유로를 순식간에 벌어들이는 것과 같다는 과연 독일 사람다운 계산법으로 내 말에 반박했다. 또 대학에서도 열심히만 하면 얼마든지 두각을 나타낼 수 있고 장학금이나 연구 지원 등을 받는다며 한 시간이 넘도록 일장연설을 늘어놓았다. 그 때문에 다음 시간 수업에 늦게 들어가면서까지 영재만을 중시하는 교육을 받고 자란 이 한국 엄마의 생각을 조금이라도 돌려 보려고 노력했다. 그의 말은 결국 '성적이 좋은 학생보다는 수업을 따라가지 못하는 아이들에게 관심을 기울이는 일이 독일 학교와 교사들의 가장 중요한 임무'라는 것이었다.

두 아이를 키우면서 항상 느끼는 일이지만 독일 학교는 우수한 학생을 위한 장소가 아니다. 대다수 평범한 아이가 몇 명의 우등생을 위해 존재하는 한국 학교와는 정말 반대다. 공부를 잘하는 아이에게 '너는 혼자서 해도 충분하지 않느냐'라며 버림받는 느낌을 줄 정도로 무관심하다.

그것이 독일 교육의 경쟁력을 낮추는 요인이 되기도 했지만, 상위 몇 명의 성적을 끌어올린다고 한들 평범한 다수의 삶이 과연 얼마나 바뀔지를 생각해 보면 절로 고개가 끄덕여지는 대목이다. 학교의 수업이 상위권에 집중되지 않고 중하위권에 맞추어져 있다는 것은 기초가 부실한 아이들에게 얼마든지 노력하면 따라갈 길이 있음을 알려 주는 의미이기도 하다.

무언가 빈 틈이 훤히 들여다보이기는 하지만 이러한 교육이 쉽게 변하지 않고, 또 이 제도에 기를 쓰고 반대하는 사람이 그리 많지 않은 것을 보면 독일인이 더불어 사는 세상을 얼마나 중요하게 여기는지 그들의 가치관을 읽을 수 있다.

독일에서 '한국식'으로 공부한다면

아이들을 독일 학교에 보내면서 가끔 '이곳에서 만일 한국식으로 공부하면 어떻게 될까'라는 상상을 하곤 한다. 아마 한국의 평범한 고등학교에서 상위권에 들어갈 성적이라면 독일의 우수한 김나지움 수석은 물론, 어쩌면 그 도시에서 수재 소리를 들으며 다닐지도 모른다.

아이가 10학년 때 같은 반에 한국 아이처럼 공부하는, 독일에서는 흔치 않은 학생이 있었다. 당시 독일 수학경시대회에서 1등을 한 후에 바쁘게 세계대회를 준비하던 이 아이는 김나지움 5학년 때부터 한 해도 빠지지 않고 경시대회에서 우수한 성적을 기록한 학생이었다.

그런데 그는 보통의 독일 우등생처럼 수학만 우수한 게 아니라 체육과 미술을 제외한 모든 과목에서 독보적인 존재라는 점이 한국 수재들과 비슷했다.

초등학교 1학년 때부터 좋은 성적이라면 자신있던 우리아이에게 월반을 한 후 새로운 강적이 나타난 것이었다. 강적이 아니라 사실은 적수도 되지 못할 정도였다. 이 친구는 이미 13학년 과정까지 끝내고 학교는 놀면서 다니고 있다고 했다.

모든 과목 선생님들이 시험지를 나누어줄 때마다 '이 답안지는 지금 아비투어(수능시험) 수준에서도 최고'라며 감탄을 금치 못했다고 하니 10학년 과정에서 배울 것이 별로 없다는 반응은 당연했다. 그래도 월반을 하지 않는 것은 수학경시대회 때문이라고 했다.

독일식으로만 공부한 탓에 예습을 해본 경험이 없는 우리 아이에게 그는 신기한 경쟁자였다. 지금까지 이녀석에게 공부라는 것은 수업시간에 집중하는 것과 시험을 대비해서 며칠 전에 약간의 복습을 하는 것이 전부였다. 그래도 집중력이 뛰어나다 보니 노력에 비해 좋은 성적을 거두었고 좋아하는 운동도 병행할 수 있었다. 독일 학교에서는 수업시간에 배우지 않은 내용이 시험문제로 출제되는 경우가 전혀 없기 때문에 그 정도만 해도 충분히 시험을 잘 보았다.

그런데 이건 마치 생쥐대왕이 코끼리를 만나 발로 툭툭 건드리면서 얼마나 큰지 재보는 꼴이 된 것이다. 실수로라도 그 아이보다 점수가 잘 나오는 날이면 하루 종일 흥분해서 콧노래를 불렀다. 이때 나는 우리 아이에게도 그동안 미처 보이지 않았던 경쟁심이 크게 자리하고 있다는 사실을 처음 알았다.

컴퓨터 프로그래머가 꿈인 이 친구는 서류상으로는 독일 사람이지만 사실은 치켜 올라간 눈, 뭉툭한 코, 펀펀한 얼굴을 한 베트남 사람이다. 그의 부모는 전쟁을 피해 바다를 떠돌던 보트피플이었다. 그들은 아직도 난민의 곤궁함을 벗어나지 못한 채 66제곱미터 남짓 되는 작은 단독주택 셋방에서 궁핍한 생활을 이어가고 있다. 하지만 두 아이 뒷바라지만은 몸을 사리지 않는다고 한다.

'가난에서 벗어날 길은 오로지 공부밖에 없다.' 이들은 마치 주린 배를 물로 채우며 자식을 위해서라면 모든 것을 희생하던 우리나라 6, 70년대 가련한 부모의 삶을 연상시켰다. 독일에서는 보기 드문 사람들이었다. 그 아이의 누나 역시 온 아헨을 떠들썩하게 할 정도로 수재 소리를 듣고 있다고 하니 부모의 교육열이 어느 정도인지는 미루어 짐작 가능했다.

새로운 반에 들어와서 한 학기 동안 죽자고 노력했지만 도저히 따라갈 수 없는 이 친구를 은근히 신경 쓰고 있는 우리 아이는 친구가 공부하는 비결이 궁금했던 모양이다. 슬쩍 노하우를 물어보곤 했나 본데 한동안은 학교만 다녀오면 그 친구 이야기를 늘어놓았다.

"엄마, 걔는 아무것도 안 하고 공부만 하나 봐. 컴퓨터 게임도 운동도 전혀 안 하고 하루 종일 하는 일이 공부밖에 없대."

"그러니까 공부를 그렇게 잘하지."

"엄마는 그게 좋아?"

"좋다는 게 아니라 공부를 잘하려면 그렇게 해야 한다는 거지."

"한국 아이들은 모두 그렇게 하는 거야?"

"당연하지. 전교 수석 정도 하려면 네 친구보다 더 할걸!"

"어떻게 그럴 수가 있어? 시간이 없는데."

"그 친구는 잠은 다 자니? 시간이 부족하면 잠을 덜 자면 되는 거야."

"그럼 건강에 나쁘잖아. 그렇게 성공해서 병 걸려 죽으면 어떡해?"

"야! 이 엄마 아빠가 이렇게 버젓이 살아 있는 거 보면 몰라? 잠 줄인다고 죽는다면 지금 한국 사람들은 다 죽었겠다. 이 잠꾸러기야!"

대답이 궁색해진 나는 평일에는 여덟 시간, 주말에는 열 시간 이상은 자야 직성이 풀리는 아이의 약점을 재빨리 낚아채 공격했다. 이제 제법 머리가 굵어져서 입씨름도 예전처럼 우위를 선점하기가 쉽지 않다. 말에서 밀리면 한국식 '버럭 논쟁'으로 몰고 가는 것도 한두 번이지, 나에게도 새로운 전략이 필요하다는 것을 최근 아이와 대화를 할 때마다 느낀다.

보통의 독일 아이보다 그래도 책상에 앉아 있는 시간이 많은 우리 아들에게도 이 친구는 신기한 존재인 모양이다. 그 신기한 학생이 한국에는 즐비하다는 것을 독일 아이들이 알면 어떻게 생각할까. 그런 수재를 독일 땅에 데려와 한 도시에 서너 명씩만 심어 놓는다면 이 땅은 10년 후에 확실히 우리가 접수할 것 같다.

새로운 유형의 식민지 정책이라고 해야 하나? 여하튼 꽤 재미있는 상상이다. 너무 다른 두 나라의 교육 현실을 설명하기 어려워 해본 말이다.

스테판 선생님의 독일 교육 이야기

교사경력 45년,
노선생님이 본 독일 교육

내가 독일 교육 이야기를 쓰는 동안 이따금 자문을 구하는 독일 선생님이 있다. 올해 74세의 연세로 10년 전에 이미 정년퇴직을 한 연금생활자이지만 퇴직 후부터 지금까지 예전에 근무하던 학교에서 시간제 강사로 계속해서 학생들을 가르치고 있는 스테판 선생님이다. 이분과의 인연은 우리 아이들이 탁구를 하면서부터 시작되었다. 선생님은 교사이면서 노드라인베스트팔렌 주의 유명한 탁구 코치이기도 했다. 아이들의 학교 선생님은 아니었지만 공부면 공부, 탁구면 탁구, 나아가 아이들 진로에도 상당히 중요한 멘토 역할을 해주시는 분이라 언제나 감사하게 생각하고 있다.

내가 선생님을 특별히 좋아하는 이유는 그 연세에도 왕성한 활동을 그치지 않는 의지 때문이기도 하지만 그분의 남다른 인생관과 교육관이 진정으로 존경스럽게 느껴졌기 때문이다.

스테판 선생님은 1935년, 당시는 독일 땅이었지만 2차대전이 끝나고 폴란드로 귀속된 나이세라는 도시에서 4형제 중 둘째로 태어났다. 1945년 전쟁이 끝나자 아직 돌아오지 않은 아버지를 기다릴 여유도 없이 그의 가족은 폴란드 당국에게 집과 땅을 몰수당하고 현재의 독일 스타인펠드라는 도시로 이주해야 했다. 그의 어머니는 가진 것 하나 없는 난민의 신세로 네 아들을 먹여 살리는 힘겨운 생활을 하게 되었다. 그런 어려움 속에서도 소년 스테판은 학업을 게을리하지 않았고 1962년 본 대학을 졸업한 뒤 라틴어와 체육을 담당하는 선생님이 되었다.

대학 시절 경제적인 어려움은 이루 다 말로 표현할 수 없을 정도였다고했다. 집을 얻을 돈이 없어서 햇빛도 들어오지 않는 지하 벙커에서 내내 생활하며 주린 배를 움켜쥐고 책을 보는 등, 그는 정식 선생님이 되어 월급을 받을 때까지 그림자처럼 따라다니던 가난과 싸웠다. 당시에는 공부만이 유일한 즐거움이었고 희망이었다. 그의 공부에 대한 열정은 대단해서 선생님이 된 후에도 멈추지 않았고 주경야독 끝에 아헨 대학 지리학과를 마쳤다. 독일은 한 선생님이 세 과목까지 수업을 할 수 있기 때문에 한 과목을 더 수학한 것이다.

학교에 재직할 동안에 선생님은 라틴어, 체육, 지리 과목을 가르쳤고 퇴직 후부터 지금까지는 예전에 근무하던 학교에 남아 라틴어 시간 강사를 하고 있다. 동네 탁구 클럽에서 계속해서 어린 꿈나무들을 지도하고, 재직하던 학교 교장이 라틴어 성적에 문제 있는 학생들을 선생님에게 보내 구제를 부탁하면 그 일을 맡기도 한다. 그는 이런저런 일로 일주일 내내 쉬는 날이 하루도 없다. 여행이나 다니면서 편안하게 노후를 보내기를 바라는 그의 부인은 '퇴직을 하고 더 바빠진 사람은 이 사람밖에 없을 것'이라고 투덜거리곤 한다.

선생님은 교육자로서도 훌륭하지만 한 가정의 가장으로서도 본받을 점이 많은 사람이다. 그가 얼마나 인생을 진솔하고 모범적으로 살았는지는 그의 세 아들을 보면 알 수 있다. 그에게는 어디에 내놓아도 빠지지 않는 아들들이 있다. 첫째는 현재 아헨 대학 교수로 있고 둘째는 대기업 고문변호사, 셋째는 경영학과를 졸업하고 기업 컨설팅 전문 회사를 설립한 젊은 CEO다.

그들은 대단한 직업을 가진 엘리트이기도 하지만 과거에는 프로 탁구 선수로도 활약했다. 둘째와 셋째는 모든 독일 운동선수의 꿈이라는 분데스리가 선수 생활을 했다. 어떻게 두 마리 토끼를 모두 잡는 데 성공할 수 있었을까? 들어보면 운동과 공부, 어떤 것도 정신없이 몰아붙이기 식으로 하지 않았다. 그가 들려주는 교육에 관한 이야기는 자식을 키우는 부모라면 한 번쯤 새겨들을 필요가 있는 좋은 이야기들이다.

스테판 선생님은 45년 동안 학교에 근무하며 단순한 지식의 전달자가 아니라 끊임없이 아이들과 소통하며 아이들의 문제를 그들의 눈높이에서 바라보기 위해 노력해왔다. 또한 학교와 지역사회의 스포츠적 연대를 통해 많은 학생이 건강을 위해 운동을 할 수 있는 환경을 만들어 나가는 데 주력했다. 그리스어에서 유래한 독일어의 페다고긱

Pädagogik, 즉 '교육'이라는 단어는 '어린이를 인도한다'라는 의미이다. 이 말은 아이들을 가르치는 45년 동안 흔들리지 않고 선생님을 지켜준 교육관이었다. 지식의 전달도 물론이지만 지, 덕, 체 모든 면에서 '학생을 바르게 인도한다'는 자세로 교단에 섰던 것이다.

교장은 독일 교사들에게
인기 없는 자리

교사들이 학교에서 가장 올라가고 싶은 자리는 교장이라는 직책이 아닐까 싶다. 그렇다면 독일 교사는 과연 교장에 대해 어떻게 생각할까. 이 부분은 나도 무척 궁금했다. 한국처럼 교장이라는 직위가 교사로서 가장 큰 영광이고 성공한 모습일까? 나는 독일 교장선생님의 실제적인 위상과 일반 교사의 생각에 대해 스테판 선생님에게 물어보았다.

스테판 선생님의 학교 이야기를 듣다 보면 그가 학생에 대한 남다른 애정을 가지고 있고 학교의 발전을 위해서도 관심이 지대한 사람이라는 느낌을 받는다. 그런데 교장이 못 되고 정년퇴직을 한 이유가 무엇인지 의문이 생겼다. 실력이 없어서? 혹은 운이 없어서? 훌륭한 선생님이 반드시 훌륭한 관료가 되는 것은 아니지만 그 부분에 대해 정작 당사자는 어떻게 생각할지 궁금했다.

독일에는 네 단계의 교사 직위 체계가 있다. 우선 평교사 단계인 스튜디엔라트Studienrat와 부장교사 정도의 위치로 보이는 오버스튜디엔라트Oberstudienrat가 있다. 대부분 교사들이 이 단계에서 정년을 맞이한다. 그 다음으로 우리나라의 교감 정도의 위치로 보이는 스튜디엔디렉토어Studiendirektor가 있고 다음 단계가 오버스튜디엔디렉토어Oberstudiendirektor, 즉 교장이다. 스테판 선생님이 시간강사로 근무하고 있는 김나지움은 현재 75명의 교사가 있는데 이 중 스튜디엔디렉토어, 즉 교감 정도의 위치인 사람이 여섯 명이니 대략 그 비율을 알 수 있다.

스테판 선생님은 지난 1973년 36세의 나이에 당시로는 가장 젊은 교감이 되었다고 하니 실력과 성실성은 일찌감치 인정받았던 것 같다. 그러나 그는 스튜디엔디렉토어로 65세에 정년을 맞이했다. 빠른 승진으로 전도유망했던 교사가 30년 동안이나 교장이 되지 못하고 퇴직한 것이다. 혹시 아쉬웠던 적은 없었는지, 교장이 되기 위해 노력해본 일은 없는지 물어보니 그는 약간 황당하다는 표정을 지으며 '독일에서 교장을 원하는 교사가 얼마나 된다고 생각하느냐?'라고 반문했다.

"나에게는 교장이 될 기회가 수도 없이 있었습니다. 자리가 공석이면 누구나 응시할 수 있고 나는 항상 인사고과가 좋았기 때문에 전혀 문제가 없었습니다. 그러나 단 한 번도 교장이 되고 싶다는 생각을 해본 일이 없어 지원을 하지 않았습니다. 명예욕이 없는 사람에게 교장이라는 자리는 그리 매력적인 위치가 아닙니다. 나만 그런 것이 아니라 함께 일했던 동료 대부분이 같은 생각을 하고 있을 것입니다."

그의 대답은 의외였다. 그의 말에 따르면 독일 교사들도 스튜디엔디렉토어까지는 어떻게 해서든 승진하기 위해 노력한다고 한다. 그 이유는 명예도 아니고 교장으로 승진하기 위한 발판을 마련하기 위해서도 아니고 단지 돈 때문이다. 바로 아래 단계의 오버스튜디엔라트보다 월평균 400유로(약 70만 원)를 더 받는다고 하니 독일의 임금수준에서 적지 않은 금액이다. 그 외에 다른 이유는 없을 것이라고 했다.

그는 독일 교사에게 교장이 얼마나 인기가 없는지는 공석인 교장을 선출할 때의 상황을 보면 잘 알 수 있다며 예를 들어 설명해 주었다. 어떤 학교든 교장 자리가 공석이 되면 모든 스튜디엔디렉토어가 추천 없이 스스로 지원할 수 있는 자격이 주어진다. 같은 학교가 아니라도 가능하기 때문에 자격을 갖춘 사람은 부지기수다. 그러나 정작 지원자는 한두 명인 경우가 대부분이다. 그가 45년 교사 생활을 하는 동안 세 명을 넘는 경우를 본 일이 없다니 가히 그 관심도가 어떤지 짐작이 간다. 또한 경쟁할 필요도 없는 단일 후보일 경우도 허다하다고 한다.

교장이 되면 분명 더 많은 임금을 보장받는데 왜 사양하는 것일까? 스테판 선생님은 그 이유에 대해 설명하며 독일인이 인생을 살면서 중요하게 생각하는 가치를 들려주었다. 독일 사람들은 1등으로 수영하는 것보다 함께 수영하는 것을 더 가치 있게 생각하고 그러한 삶을 살기 위해 노력한다. 말은 쉽지만 과연 말처럼 그렇게 쉬울까 싶었다. 하지만 명예나 출세보다는 개인의 생활을, 현실적인 행복을 중시하는 독일인을 보면 충분히 그럴 수도 있을 것 같았다.

"교장은 명예 때문에 혹은 돈 때문에 선택하기에는 그보다 더 중요한 것들을 버려야 하는 어려운 자리입니다. 첫째는 학교 전체를 통솔하는 부담감에서 오는 스트레스지요. 이는 돈으로 살 수 없는 건강을 담보해야 합니다. 둘째는 과중한 업무입니다. 일반 교사는 한시 삼십 분이나 두 시 정도면 퇴근할 수 있지만 교장은 한 사람의 교사라도 수업이 있을 경우에 학교를 지켜야 합니다. 그러다 보니 네다섯 시 이전 퇴근은 꿈도 꾸지 못합니다. 오후의 서너 시간은 운동이나 기타 취미 활동을 하는 사람들에게는 아주 중요한 시간대입니다. 인생에서 중요한 한 가지를 포기해야 하는 것이지요. 세 번째는 교사라는 직업을 선택한 이유와 관계없는 일이기 때문입니다. 대부분 교사는 아이들을 가르치는 일이 적성에 맞아서 이 일을 선택했는데 교장이 된다면 아무리 계속 수업을 한다지만 가르치는 시간보다는 학교 행정에 매달리는 일이 더 많아집니다. 학교를 직장으로 선택한 이유와는 전혀 다른 상황이 전개되지요."

지극히 현실적이면서 합당한 이유지만 현실은 다른 것이 또 우리가 사는 세상이 아니던가. 좀 더 나은 생활을 위해 돈을 중시하면서도 그보다 더 중요한 것을 잃는다면 돈도 마다하는, 인간이면 빠지기 쉬운 출세와 명예라는 함정이 더 이상 함정이 아닌 독일인의 직업의식이 색다르게 다가왔다. 간혹 직업에 대한 이야기를 들을 때마다 우리와는 정말 많이 다르다는 인상을 받기는 했지만 '인기 없는 교장' 이야기를 들으니 이들이 인생에서 중요하게 여기는 것이 무엇인지 새삼 다시 생각하게 된다.

학교에서
세상을 배우는
아이들

2

어학연수보다
세상일에 관심 많은 아이들

10학년 때 큰아이는 11학년 동안 무엇을 할 것인지 한참 고민했다. 13학년까지 다녀야 하는 김나지움에서 11학년은 안식년 같은 기간이다. 학습에 여유를 부릴 수 있는 학년이자 본격적으로 아비투어(수능시험) 준비에 돌입하기 전 전열을 재정비하는 시간이기도 하다.

학교 공부도 수학을 제외하고는 더 이상 진도를 나가지 않고 복습 위주로 진행되기 때문에 큰 부담이 없다. 경우에 따라서는 학교 수업에서 벗어나는 방법도 있다. 성적이 아주 뛰어난 아이에게는 학교의 추천으로 대학에서 1년 동안 미리 공부하는 기회가 주어지기도 하고 평균 점수가 3점 이상이 되는 아이는 단기로 외국 유학을 갈 수 있다.

10학년 전체 성적이 평점 2점이 되면 월반이 가능하지만 대부분 6개월에서 1년 정도의 단기 유학을 희망한다. 우리 아들도 역시 외국으로 나가는 것에 끌렸는지 고민하는 흔적이 역력했다. 그러나 엄마의 적극적인 동조를 얻어내지 못했고 좋아하는 탁구를 1년 동안 못칠지도 모른다는 생각에 적극적으로 매달리지는 않았다.

아이가 아직은 어리다는 생각이 들어 선뜻 찬성하지 않았지만 영국이나 미국으로 간다면 영어 실력을 확실하게 높일 수 있겠다는 생각에 귀가 솔깃했던 것은 사실이다. 자세히 알아보니 성적만 좋으면 장학금을 받을 수도 있었고 본인 부담은 용돈 정도면 충분하다는데 그야말로 1년 동안 공짜로 어학연수를 하는 절호의 기회였다. 그래서 포기하는 것이 정말 아깝기도 했다.

유학에 대한 미련은 접었지만 혹시나 하는 마음에 유학생 학부모를 위한 간담회에는 참석했다. 역시나 관심 있는 학부모와 아이들이 강당을 가득 메우고 있었다. 현지 학교에서 1년 동안 영어를 한다면 과연 어느 정도의 성과가 있을까? 나도 무척 궁금해서 한자리 차지하고 앉아 귀를 기울였다.

하지만 간담회 분위기는 예상과 전혀 달랐다. 선생님의 지루하고 긴 설명이 끝나자 아이들과 학부모의 질문이 이어졌고 먼저 다녀온 학생이 체험담을 소개했지만 내가 생각하는 영어 공부 이야기는 나오지 않았다. 그곳에 가서 학교 진도를 어떻게 따라갔는지도 알려 주지 않았다. 그러다가 어떤 학생이 유일하게 수업에 관해 질문을 했다. 지루한 문답에 몸이 점점 뒤틀리던 차에 눈이 번쩍 뜨이는 순간이었다.

"그런데 다녀와서 학교 공부는 어땠어요? 다시 적응하기 힘들지 않았어요?"

"그건 별로 걱정하지 않아도 돼요. 조금만 노력하면 금방 따라갈 수 있어요."

"……."

'그리고 아무 말도 하지 않았다.' 갑자기 왜 이 대목에서 '전혜린'이란 작가가 생각난 것인지. 생기가 돌던 간담회장 분위기가 썰렁해지면서 질문도 대답도 달랑 이 한마디로 끝이 났다.

거기에 온 사람들의 관심사는 공부 이야기가 전혀 아니었다. 다양한 세상 경험, 그것이 궁극적인 목적이었다. 물론 관심 있는 국가도 미국이나 영국이 전부가 아니라 일본과 남미, 아프리카 국가들, 심지어는 북한까지 아주 다양했다.

칠레를 다녀온 어떤 아이는 '세상에 우리가 도와야 할 사람이 그렇게 많은지 몰랐다'라며 자신이 그동안 안락한 울타리 안에서 편하게 지냈던 것이 부끄러웠다고 제법 진지함을 드러냈다. 또 다른 아이는 북한을 지원했다가 끝내 가능성 여부에 대한 대답도 듣지 못하고 마지막에 남미로 바꾸는 번거로움을 겪었다고 털어놓았다.

큰아이 반에는 평소 사회 활동에 관심이 많은, 착하고 예쁜 여학생이 있었다. 파라과이로 행선지를 정한 그 아이는 신청서에 가장 가난한 집에서 지내길 원한다고 적었다. 그러나 그런 집에서는 외국에서 오는 교환학생을 받는 것 자체가 쉽지 않은 일이어서 의도와는 달리 대저택을 소유한 상류층 집으로 들어가게 되었다. 사실 그 여학생은 아이가 열

둘이나 된다는 가난한 사람들과 1년 동안 함께 살며 그 생활을 경험해 보고 싶어서 이 나라를 지원했다고 한다. 어린 학생의 결정이라고는 믿기지 않지만 사실이다.

여름방학 몇 주 전 그 학생은 파라과이로 떠났다. 우리 아이 말이, 그녀가 없는 교실은 왠지 휑하고 텅 빈 것 같은 느낌이 든다고 했다. 약한 아이를 괴롭히는 덩치 큰 남학생들도 교실 안에서는 그 여학생 때문에 함부로 행동할 수 없었다고 한다. 불의를 보면 참지 못하지만 무작정 화만 내는 것이 아니라 빨려들 것 같은 눈망울로 뚫어지듯 바라보면서 앵두 같은 입술을 달싹이며 시비를 가리면 아무도 대적할 수 없다나? 여하튼 아들 녀석 해석이 더 걸작이었다.

처음으로 나가 본 울타리 밖에서 자기보다 덩치 큰 짐을 지고 돌아온 아이들을 보며 '그래서 세계가 끈끈한 연대의 그물망으로 연결될 수 있구나!'라는 새삼스러운 믿음이 생겨났다. 지원하는 아이도 아이지만 그 뜻을 존중하고 허락하는 부모도 보통이 아니라는 생각이 들었다. 내가 젖어 있던 문화, '생존경쟁' 이상도 이하도 아닌 나의 소인배적인 가치관이 갑자기 부끄러웠다.

독일에 살면서 잘 진열된 쇼윈도에서나, 한국보다 훨씬 싸게 명품을 파는 평범한 가게에서 문화적 충격을 느낀 적은 거의 없다. 내가 사는 작은 도시는 상가라고 해봐야 한국의 시골 동네 정도의 수준이고 명품이라면 한국에서도 마음이 허한 사람들이 치렁치렁 걸치고 다니는 것을 훨씬 많이 봤다.

나를 놀라게 했던 일들은 그런 눈에 보이는 것이 아니라 이들의 머릿속을 지배하는, 도저히 내가 따라갈 수 없는 의식에 있었다. 정이라고는 눈곱만큼도 없는 것 같지만 사람의 도리를 결코 저버리지 않는 진지함, 타인에게 피해를 주는 행위를 무엇보다 싫어하는 철학과 열린 종교관, 가난이 무엇인지 모르면서도 가난한 사람들을 외면하지 않는 따뜻한 마음이 그것이다.

평범한 독일인이 먹고 입고 사는 모습은 우리보다 결코 넉넉하지 않다. 아니 비슷한 수준의 한국 사람이 더 잘 먹고 잘 입고 좋은 집에 산다. 하지만 이들의 의식은 내가 따라가기에는 너무 먼 곳에 있다는 것을 아주 작은 일에서도 느끼곤 한다.

독일 수상을 꿈꾸는
학생은 누구?

초등학교 시절 어른들에게 가장 많이 받는 질문은 '학교에서 공부 잘하니?' 혹은 '커서 뭐 되고 싶어?'라는 말이다. 이때 대부분 '대통령이요' '판사요' '의사요'라고 대답하고 약간 구체적인 아이들은 '과학자요'라고 한다. 그만큼 두 번째 질문에 대한 대답은 몇 가지로 정해져 있다.

그건 아이의 꿈이라기보다는 어른이 선망하는 직업을 들먹여야 어른이 좋아한다는 것을 너무나 잘 알고 있는, 영악한 계산에서 나온 대답에 가깝다.

초등학교 고학년이나 중학교 정도 나이에도 의외로 이 꿈은 크게 변하지 않는다. 책 속에 묻혀서 대통령을 꿈꾸는 일. 좀 황당하긴 하지만 한국에서는 그것이 그리 틀린 길도 아니기 때문에 '아무렴, 대통령이 되려면 공부를 열심히 해야지'라며 어른들은 아이를 격려한다. 오늘도 단기 집중 고액과외를 받으러 이 학원 저 학원을 뺑뺑이 돌다가 도서관에서 밤을 지새우는 우리 아이들은 정치인이 과연 어떤 직업이라고 생각할까.

독일에서도 분데스칸슬러(독일 수상)를 꿈꾸는 아이가 더러 있다. 독일 아이들은 어릴 때부터 좋아하는 분야에 대한 관심을 확실히 드러내기 때문에 꿈도 구체적이고 현실성 있다. 그 중에서도 정치인을 꿈꾸는 아이는 직업의 특성상 어떤 단체에서도 눈에 띈다. 그런데 그게 성적이 우수하기 때문은 아니다. 이 아이들은 초등학교 저학년 때부터 가장 먼저 학급 반장을 자원하며 김나지움에 들어가서도 학생회 일에 열정을 쏟는다. 수업도 다른 과목은 몰라도 정치 시간만은 눈을 반짝이며 적극적으로 참여하고 우수한 점수를 받는 등 누가 봐도 확실하게 기질이 보인다.

작년 큰아이 학교 졸업식 행사에서 있었던 일이다. 나는 졸업생 대표로 고별인사를 하던 학생 회장 이야기를 듣다가 폭소를 터뜨리고 말았다. 만일 그 녀석이 시의원에라도 출마한다면 그날 굳힌 표만 해도 꽤 되리라.

"친애하는 신사 숙녀 여러분! 저는 오늘 십삼 년 동안의 초등학교와 김나지움 생활을 마감하고 사랑하는 이 학교를 떠나게 되었습니다. 정든 교실과 친구들, 선생님, 후배들…… 훌쩍훌쩍!"

뭔가 기발한 한마디를 기대했던 고별사의 서두는 예상과 달리 구태의연하고도 감상적으로 시작되었다. 그런데 눈물을 닦는 시늉을 하던 학생 회장 녀석이 갑자기 눈을 번쩍 뜨고 뒤통수를 탁 치더니 이렇게 말하는 게 아닌가.

"아참! 나는 십사 학년이었지. 여러분, 죄송합니다. 제가 수학 실력이 좀 부족해서 낙제한 것을 깜박 빼고 계산했네요. 처음부터 다시 시작하겠습니다. 친애하는 신사 숙녀 여러분! 오늘 저는 십사 년의 초등학교와 김나지움 생활을……."

"푸하하하."

일순간 장내는 웃음바다가 되었고 뒤쪽에서는 "야, 멋있다, 멋있어!" "계속해라 계속해!"라며 지지의 함성이 쏟아졌다. 재학생과 졸업생이 모인 큰 강당에서 메가폰을 잡은 그 학생은 넘치는 유머 감각과 번득이는 재치로 그날의 스포트라이트를 받으며 우리 아들을 비롯한 여러 친구의 영웅이 되었다. 작고 평범한 외모임에도 학생 회장은 여학생들에게 하늘을 찌르는 인기를 한몸에 받았으며 좌중을 쥐락펴락하는 통솔력과 리더십을 갖추고 있었다. 또한 어떤 선생님과 논쟁을 해도 막힘없이 자신의 주장을 관철시키는 논리력과 언변까지 두루 갖춘 아이였다.

학생 회장으로서는 부족함이 없었지만 사실 공부는 그리 신통치 않았다. 그나마 졸업 성적이 평균 3점을 유지한 것도 3점 이하면 학생회에서 제적되는 엄격한 교칙 때문에 엄청나게 노력한 결과라고 스스로 떠들고 다녔다고 한다. 정치 과목을 제외한 나머지 수업시간에는 졸기 일쑤였고 틈만 보이면 담론을 일삼아 수업을 방해했다. 그랬던 이 녀석이 학교를 좋아했던 유일한 이유는 바로 학생회 때문이었다.

수업 태도와는 달리 학생 회장으로서 그는 이미 아마추어를 넘어선 프로 수준이었다. 성적이 부실한 단점이 마치 제도권 교육에 도전하는 자신의 강한 의지라도 되는 듯 공식 석상에서 자랑스럽게 떠벌일 수 있는 것 또한 탁월한 재주에 속했다. 공부벌레도 날라리도 아닌 카리스마 넘치는 달변가였던 이 아이의 꿈은 역시 유명한 정치인이 되는 것이다. 독일 수상 정도는 맡겨 주면 얼마든지 소화해낼 수 있다고 벌써부터 은근히 선거운동을 하는 듯한 발언을 한다.

꿈은 멀리 밤하늘의 달 옆에 걸어두고 당장은 열심히 책상을 지키는 소임에 충실하는 것이 옳은지, 일찌감치 시행착오를 겪으며 꿈과 함께 커가는 것이 옳은지 솔직히 판단이 서질 않는다. 그러나 애완동물을 키우며 수의사를 꿈꾸고 슈퍼마켓에서 아르바이트 하면서 CEO를 생각하고 양로원에서 실습을 하면서 사회사업가가 되겠다는 독일 아이들을 보면 우리보다는 이 아이들의 꿈이 좀 더 구체적이고 현실성 있다는 생각을 할 때가 많다.

그렇게 부잣집 아들이
아르바이트를?

큰아이에게는 세바스티안이라는 절친한 친구가 있다. 내가 이 친구에게 1년 동안 깜박 속은 것을 생각하면 지금도 괘씸하다. 두 아이가 10학년 때 일이다. 세바스티안은 키가 167센티미터로 그 나이 또래 아이들과 비교하면 유난히 작았다. 그러나 왜소한 외모와는 달리 호탕하고 화끈한 성격에 공부 욕심 또한 범상치 않았다. 생각하기에 따라서는 나폴레옹 콤플렉스에 끼워 맞추기에도 딱 좋은 조건을 갖춘 녀석이었다.

우수한 학교 성적, 최고의 컴퓨터 실력, 수업시간의 따분함을 일순간에 몰아내는 넘치는 유머 감각으로 선생님이고 친구들에게고 인기가 많은 이 아이는 10학년이 되면서부터 본격적으로 아르바이트를 하기 시작했다. 독일연방법은 16세 이상의 청소년은 보호자의 관리감독 없이도 아르바이트를 할 수 있도록 허락한다.

처음에는 슈퍼마켓에서 일을 한다고 해서 심심풀이로 용돈이라도 벌어볼 요량인 줄 알았다. 그런데 큰아이 말로는 일주일에 네다섯 번을, 그것도 하루에 네 시간씩 짐을 운반하는 힘든 일을 한다는 것이다. 이유는 새 컴퓨터와 운전면허시험 비용을 벌기 위해서란다.

'컴퓨터와 운전면허시험 비용이라면 몇백만 원은 족히 들 텐데 학교에 다니면서 그 많은 돈을 마련하겠다고?' 놀라우면서도 생각이 기특했다. 이런저런 정황으로 미루어 나는 자연스럽게 이 친구가 집안이 어려워서 그럴 것이라고 확신했다. 노는 일이라면 빠지지 않더니만 일을 하고 나서부터 이리 맞추고 저리 맞춰도 시간을 내지 못해 친한 친구들을 안타깝게 하곤 했으니 말이다.

일주일 내내 일 때문에 눈코 뜰 새 없이 지내는 것 같더니 아니나 다를까 세바스티안은 10학년 2학기 첫 번째 수학 시험에서 낙제 점수인 5점을 받았다. 그때까지 2점 이하를 받은 일이 없던 녀석이 5점을 받고는 자기 자신도 엄청난 충격을 받은 것 같았다. 그러더니 그 다음 시험에서는 잠을 줄이며 공부해서 떡 하니 다시 1점을 받았다.

자기 앞가림을 철저히 하는 게 대견하면서도 도대체 부모는 어떤 사람이기에 아이를 저토록 강하게 키우는 것일까 내심 궁금했다. 조그만 녀석이 발발거리고 돈 벌러 다니는 것이 측은하게 느껴지는 것도 사실이었다. 그러다가 큰아이가 세바스티안 집에서 밤새워 놀고 온 어느 날 그의 아버지가 대학병원 과장이라는 사실을 알게 되었다. 부모의 직업을 공개적으로 떠벌이지 않는 우리아이 친구들의 특성상 그동안 특별히 물어보지도 듣지도 못했던 것이다.

'세바스티안 좀 봐라. 집안이 어려워 일을 그렇게나 많이 하면서도 공부도 잘하고 성격도 구김살 없고, 넌 좀 본받아야 돼'라며 시간만 나면 아들에게 구시렁댔던 것을 생각하니 어이없었다.

"아니, 그럼 엄청 부자겠네?"

대번에 내 입에서 튀어나온 말이었다.

"응, 오늘 걔네 집에 갔는데 완전 궁궐이더라고."

나는 이토록 충격을 받았는데 아들은 태연했다. 은근히 속았다는 마음이 들어서 우걱우걱 밥을 먹고 있는 녀석이 갑자기 미워졌다.

"야! 부잣집 아들도 그렇게 열심히 일하는데 너도 돈 좀 벌어와. 그렇게 허구한 날 밥만 축내지 말고."

"엄마, 먹는 게 남는 거라는 말 몰라?"

"그게 이 대목에서 어울리는 말이야?"

"기다려, 내가 공부 열심히 해서 돈 많이 벌면 오픈카 사준다고 했잖아."

"나중에 오픈카 사주는 거 필요 없으니까 내일부터 당장 나가서 너도 돈 좀 벌어와!"

"엄마, 그거 알아? 열네 살에 아르바이트 시키면 엄마 당장 경찰서에 잡혀가. 나를 왜 불효자로 만들려고 하는 거야."

대답이나 못하면 덜 미울 텐데……. 나는 말문이 막혀 뒤통수를 세게 한 대 쥐어박고는 싸움을 끝냈다.

말은 그렇게 했지만 막상 우리 아이가 공부고 뭐고 뒷전으로 미루고 아르바이트를 하겠다고 나선다면 흔쾌히 허락할 수 있을까 생각해 보니 고개가 갸웃거려진다. 그것도 일주일에 한 번이 아니라 그 친구처럼 많은 시간을 쏟아 붓겠다고 하면. '탁구 하러 쫓아다닐 시간도 부족한데, 게다가 시험에 대비해 복습할 시간도 전혀 없을 텐데…….'

　이런 것을 두고 가치관의 혼란이라고 해야 하나? 머리로는 충분히 알지만 막상 행동으로 옮기기란 쉽지 않다. 아무리 여유 있게 생각하려 노력해도 10년이라는 시간은 30년 동안 길들여진 가치관을 바꾸기에는 턱없이 부족한 세월인 것 같다.

　물론 세바스티안은 여기에서도 흔한 아이가 아니다. 독일 아이들은 다양성의 시대에 살고 있는 현대인의 본보기라도 되듯이, 하는 짓도 집중하는 분야도 가지각색이다. 그러나 어림잡아 전교 10등 안에 들 정도의 우등생이 이렇게 산다는 것은 신선한 충격이었다. 그것도 부잣집 아들이!

같은 꿈, 그러나
다른 길을 가는 두 친구

"넌 대체 꿈이 뭐야? 아직도 못 정하고 있는 거야?"

"글쎄~ 뭘 해야 좋을까. 엄만 내가 뭘 하면 좋을 것 같아?"

"그걸 왜 나한테 묻니. 네 꿈이지 내 꿈이니?"

"정말 내가 하고 싶은 것 해도 상관없지?"

"그럼, 당연하지."

"난 요리사가 되고 싶어. 별 다섯 개짜리 호텔 주방장."

"웬 요리사?"

"그럼 매일 맛있는 음식만 먹을 거 아냐."

"그래? 그럼 당장 공부 집어치우고, 십 학년 끝나면 직업학교 등록하고 빨리 실습 자리 찾으러 다녀야지. 요리사가 쉬운지 아니? 먹는 거 좋아한다고 요리사 된다면 착각이다. 얼마나 중노동인지 알기나 해? 게

다가 호텔 주방장 되려면 우선 직업학교 다니면서 한 달에 사백 유로(약 70만 원) 받고 주방 보조로 그릇 닦고 청소부터 시작해야 돼. 삼 년 동안 뼈 빠지게 일하고 졸업하면 레스토랑 요리사로 또 삼 년은 죽도록 일해야겠지. 그러고 나면 겨우 마이스터가 될 수 있는 자격이 주어져. 호텔 주방장 하려면 그때부터 또 경력 열심히 쌓아야지. 경력 쌓았다고 모두 호텔 주방장이 될 수 없다는 것 정도는 너도 알지? 운 없으면 호텔은 영원히 못 가고 분식집 주방에서 소시지나 굽다가 끝날지도 모르는 일이야."

"또 겁부터 주시네. 엄마는 항상 그래. 내 마음대로 선택하라면서 사실은 아니잖아."

"꿈이 너무 어이없어서 그러지, 음식 만들기를 좋아하는 게 아니라 넌 먹는 데만 관심 있잖아. 안 그래?"

"그건 그렇지."

"맛있는 거 먹기 위해 요리사를 한다는 게 말이 되니? 요리사는 남을 위해 맛있는 요리를 하는 데 기쁨을 느끼는 사람이야. 너 하나 맛있게 먹자고 십 년도 넘게 고생해서 호텔 주방장 된다는 게 웃기지 않니? 차라리 돈 벌어서 별 다섯 개짜리 호텔에 가서 우아하게 식사를 하는 편이 빠르겠다."

"듣고 보니 그것도 맞는 말이긴 하네. 음, 그럼 뭐할까? 의사? 교수? 엔지니어? 엄마가 좋아하는 건 이런 거겠지?"

"아주 엄마를 가지고 노는구나!"

큰아이가 서서히 대학 진학을 생각할 나이가 되면서 우리는 시간만 나면 장래희망을 두고 갑론을박하기 시작했다. 이렇게 된 이유는 이 녀석이 아직 미래에 대해서 큰 그림조차 그리지 못하기 때문이었다. 그저 수학, 물리, 화학을 계속하고 싶다는 막연한 생각밖에 없었다. 이미 미래에 대한 구체적인 목표를 가지고 방향을 잡은 다른 아이들과 비교하면 현실 감각이 떨어지는 것 같아 걱정이었다. 그러면서도 역시 한국 엄마의 기질을 버리지 못한 탓인지 '책만 들입다 파다 보면 언젠가는 꿈이 생기겠지'라는 막연한 생각으로 기다리고 있다. 독일 아이들처럼 여기저기 돌아다니며 해볼 것 죄다 해봐야 꿈도 구체적으로 꿀 텐데 역시 한국 엄마가 키운 한국 아이라 그런지 이곳 아이들과 비교하면 '우물 안 개구리'라고 느낄 때가 많다.

우리가 장래희망 이야기를 할 때마다 자주 언급하는 같은 반 친구 둘이 있다. 그 둘은 정반대의 성향을 지녔지만 IT 계통의 권위자가 되어 CEO가 되겠다는 같은 꿈을 꾸고 있다. 그 중 한 친구는 이미 컴퓨터 박사다. 어릴 때부터 컴퓨터 게임을 좋아했고 헌 컴퓨터를 사서 뜯고 다시 만들고 하는 일이 취미였기 때문에 자신도 모르는 사이에 전문가가 된 것이다. 할 것은 다 하면서도 상위권의 성적을 유지하는 전형적인 독일 우등생인 이 아이는 놀랍게도 대학을 가지 않겠다고 선언했다. 물론 학년이 더 올라가면 부모의 입김이 작용하기도 하겠지만 현재 그의 계획에는 대학이 없다. 그는 아비투어를 마치면 2년 동안 아무것도 하지 않고 컴퓨터만 가지고 놀겠다는 계획을 세웠다. 그 다음은 아직 생각하지 않았다고 한다.

이 아이와 꿈이 같은 또 다른 친구는 공부라면 둘째 가라면 서러워할 정도로 수재다. 등수를 알 수 없는 독일식 성적 처리 방식이 아니라면 아마 우리가 사는 도시뿐 아니라 독일 전체에서도 손꼽힐 정도로 독보적인 존재가 되었을 것이다. 이미 매년 수학경시대회에 나가 독일 전체 수석을 여러 번 차지한 영재 중의 영재다.

그럴 수밖에 없는 것이 이 아이는 독일 학교에서는 드물게 취미도 공부요, 특기도 공부다. 하루 종일 하는 일이 공부밖에 없다고 모두들 뒤에서 혀를 내두른다고 한다. 그의 친구들은 '왜 하필 인생에서 하는 일이 공부밖에 없는가?'라며 의아해한다.

아이 방에는 학습 계획이 꼼꼼하게 정리되어 한쪽 벽면을 가득 메우고 있다. 그리고 한가운데에는 '목표를 위해 전진하자'라는 표어가 항상 그를 내려다보며 학습 의욕을 자극한다고 했다. 한국에서는 흔한 풍경이지만 독일 아이들에게는 그야말로 신기한 구경거리다.

대학에서 컴퓨터 계통의 공부를 하고 성공한 CEO가 되는 것이 꿈인 이 친구가 앞으로 독일에서 어떤 모습으로 살게 될지 내게도 관심거리다. 열여섯은 결코 많지 않은 나이지만 야심차게 미래를 준비하는 그는 앞에서 소개한 베트남 출신 학생이다.

그런데 컴퓨터를 전공하겠다는 아이가 공부만 하느라 시간이 없어 남들 다하는 오락도 제대로 이해하지 못하고, 컴퓨터로는 간신히 학교 숙제나 하는 정도라고 한다. 컴퓨터 박사는 다름 아닌 대학도 가지 않고 컴퓨터만 가지고 놀겠다는 다른 친구다. 아주 흥미로운 대조가 아닐 수 없다.

두 녀석은 학교에서도 은근히 서로 견제하는 관계다. 공부로 따지면 컴퓨터 박사는 베트남 친구를 감히 바라볼 수 없지만 자신감과 유머러스하면서도 부드러운 카리스마는 누구도 따라갈 수 없다고 한다. 우리 집에 와서 노는 모습을 보니 어른에 대한 예의 또한 깍듯한 것이 나무랄 데라고는 없는 아이였다. 식사 시간 그 아이와 잠시 이야기를 나누면서 나도 모르게 '저렇게 완벽한 아이가 대학을 안 가려 하다니 아깝다'라는 생각이 들었다. 하지만 곧 속으로 뒤통수를 탁 때렸다. '너 아직 확실히 한국 사람 맞지?'

공부 좀 잘한다고 목에 힘을 빳빳하게 주고 다니는 베트남 아이도 그 친구 앞에서는 꼬리를 내린다고 하니 컴퓨터 박사는 이미 그 반 남학생들이나 우리 아들에게도 대단한 존재였다. 그러나 베트남 친구는 부족한 사회성과 유치한 오만함 때문에 두 살이나 어린 우리 아들에게도 부러움의 대상이라기보다는 한심한 공부벌레로밖에는 안 보이는 모양이다.

과연 누가 더 성공할까? 가능하다면 10년 후 그 아이들이 어떻게 사는지도 확인하고 싶다. 그날엔 이 이야기의 결론을 완벽하게 마무리할 수 있겠다. 그리고 제목을 바꾸어야 할 것이다. '학교의 우등생, 과연 인생에도 우등생일까?'로……

히틀러를 비판하며 크는
독일 아이들

작은아이가 초등학교 3학년 때 일이다. 같은 반에 수시로 친구들을 때려서 문제를 일으키는 학생이 있었다. 폭력이라면 크건 작건 질겁하는 부모들의 항의가 끊이지 않아 담임과 교장선생님까지 온 학교가 곤란을 겪었다.

특히 문제가 된 것은 외국인에 대한 이 아이의 태도였다. 한번은 터키에서 온 여자 아이가 독일어 시간에 단어 하나를 틀리게 말하자 '야! 넌 용돈 다른 곳에 쓸 생각 말고 독일어 사전이나 사라, 이 외국인아!' 라고 놀리며 때렸다고 한다. 이 말은 독일 학교에서 무심코 지나칠 수 있는 문제가 아니다. '외국인'이라는 단어에는 본래 뜻인 '외국 국적을 가진 사람'만 있는 것은 아니다. 욕을 하는 것처럼 외치는 '외국인'이라는 말은 사상을 의심받을 정도로 독일에서는 금기시된다.

나도 얼마 후 이 문제로 그 학생의 부모와 교장을 만난 일이 있다. 작은 아이는 워낙 조용하고 겁이 많은 성격이라 크게 충돌한 일이 없었지만 우리도 역시 특별한 상황에 있는 만큼 학교의 정확한 입장을 듣고 싶었다. 교장은 자신도 화를 참을 수 없다며 이미 아이의 부모와도 수차례 이야기해 봤지만 자신의 힘으로는 도저히 문제를 해결할 수 없어 교육청으로 넘길 준비를 하고 있다고 알려 주었다.

독일 엄마들조차 말이 통하지 않는다고 고개를 흔드는 그 아이의 부모는 과연 어떤 사람일까 무척 궁금했다. 얼마 전 학부모 회의에서 처음 본 그들은 독일에 사는 외국인이 가장 무서워하는 모습으로 등장했다. 빡빡 밀은 머리, 문신, 국방색 얼룩무늬가 군복을 연상케 하는 재킷, 워커, 살기가 번득이는 매서운 눈빛, 물기 없는 까칠한 얼굴, 한눈에도 그들이 '네오나치즘'을 표방하는 무리라는 것을 알 수 있었다. 소수이기는 하지만 과격한 극우파인 이들은 외국인뿐 아니라 독일인 사이에서도 이 사회를 위협하는 암적인 존재로 악명이 높다.

둘째가 얼마 전 "엄마, 히틀러는 나쁜 사람이지? 그 사람은 왜 유대인을 많이 죽였어?"라고 물었다. 수업시간에 처음으로 히틀러라는 독재자에 대한 이야기를 들은 것이다. 비슷한 질문을 큰아이에게도 이맘때 들었던 것 같다.

독일에서는 초등학교 저학년 때부터 자연스럽게 선생님에게서 나치를 비판하는 말을 들을 수 있다. 그래서 아이들은 독일어를 배우기 시작하면서 히틀러가 어떤 사람인지 관심을 갖게 되고 초등학생의 대화에서도 이 독재자는 악의 화신으로 등장하는 경우가 종종 있다.

그러다 보니 독일 아이들은 저학년 때부터 오늘의 독일이 어떤 바탕 위에서 일어서게 되었는지 자기 나라의 역사에 대해 객관적인 시각으로 바라보게 된다. 그런데 그 과정이 우리처럼 '조상의 빛나는 얼과 아름다운 문화유산'에서 출발하는 것이 아니라 이들을 가장 부끄럽게 하고 아프게 하는 잔혹한 역사에서 출발한다는 점이 다르다.

학교에서 근현대사를 시작할 즈음인 5,6학년이 되면 정치와 역사 시간에 히틀러와 2차대전은 빼놓을 수 없는 주제로 등장한다. 그것도 막연하게 세계대전이라는 주제의 한 부분이 아니라 그가 왜 전쟁을 일으켰고 얼마나 잔인하게 유대인을 학살했는지에 대해 당시의 사회 배경과 개인의 심리적인 문제까지, 희생자의 경험담이나 자서전 등 부교재와 함께 아주 자세하게 배운다.

큰아이가 6학년 정치 시간 부교재로 사용한 한스 페터 리히터Hans Peter Richter의 〈그 시대의 박해 받은 자는 프리드리히였다Damals war es Friedlich〉라는 책을 보면 독일 학교의 반나치 교육이 잘 드러난다. 이 책에서 프리드리히란 나치에 의해 죽어간 주인공 소년의 이름이고 박해받는 유대인을 은유적으로 표현한 말이다. 내용은 이렇다.

이웃에 함께 살면서 같은 학교 같은 반에서 공부하던 두 소년이 있었는데 그 중 한 아이가 유대인인 프리드리히였다. 유대인이 점점 나치오날조찰리스무스Nationalsozialismus의 박해를 받기 시작하면서 평범한 두 소년의 운명은 달라지기 시작한다. 마침내 전쟁의 소용돌이 속에서 방공호로 몸을 피하려던 프리드리히는 나치인 관리에게 저지당해 밖에서 죽어갔고 방공호 안에서 살아남은 친구는 폭격이 끝난 후 프리드리히의 처참한 죽음을 보게 된다는 실화를 바탕으로 한 이야기다.

자신들의 폐부를 과감하게 드러낸 이 책은 일부 진보주의 학자들의 추천 도서가 아니라 학교의 정식 부교재다. 이런 내용을 학교에서 배운다면 일본은 둘째 치고 우리나라 사람도 받아들이기 쉽지 않을 것이다. 만일 한국인의 양심과 비도덕성을 가감 없이 드러낸 책을 학교에서 공부한다면 각계의 반응이 어떨까. 생각만 해도 골이 지끈지끈해질 정도로 복잡한 문제를 야기할 것이다. 그러나 이들은 어느 누구도 이런 종류의 교재 선택에 대해 항의하지 않는다. 신기할 정도로 모두 한 목소리를 낸다.

이밖에도 학교에서는 학기 중에 간간히 2차대전 관련 영화를 상영하며, 거리상으로 허락되는 학교는 학년 전체가 강제노동수용소를 견학하는 수업도 커리큘럼에 포함한다. 독일어 시간에는 수많은 반전 작가의 글을 읽고 평가한다. 종교와 윤리 시간에는 전쟁 때 권력에 굴복했던 교회의 행태를 고발하고 종교의 사회 책임을 강조하는 수업이 한 학기를 차지할 정도로 중요시된다.

미술 시간에는 교사에 따라 다르지만 주로 프로파간다propaganda(선동)를 위한 광고 미디어를 다룬다. 어떻게 매스미디어를 동원해서 사람들을 세뇌했는지 배우며 이와 함께 반전 포스터와 예술로 저항했던 작가와 작품을 공부한다. 이처럼 수학이나 물리 등 순수 자연과학을 제외한 대부분의 과목에서 히틀러가 등장하지 않는 경우는 드물다.

수업시간뿐만 아니라 학교 내에서도 함부로 히틀러를 흉내 내는 몸짓이나 언행은 허락되지 않는다. 장난으로라도 나치처럼 손을 올려 인사를 했다가는 당장 교실에서 쫓겨나고 말이나 행동이나 모습이 히틀러를 닮았다는 이야기는 아이들 사이에서 가장 심한 모욕으로 통한다. 이들은 히틀러와 비슷하게 콧수염을 기른 사람만 봐도 힐긋거리며 수군댄다.

내가 어린 시절에는 특히 남자 아이들 사이에서 '하이 히틀러!'라고 외치며 오른손을 들어 올리는 장난을 했던 것 같다. 지금도 아마 한국에서는 재미삼아 흉내 내는 사람이 더러 있을지도 모르겠다. 그런데 독일에서 길 가다 만일 그런 짓을 한다면 아마 갑자기 주변이 고요해지며 모든 사람이 자신을 주목한다는 사실을 발견하게 될 것이다. 이런 행동은 아무리 용감한 사람이라도 함부로 할 수 없는 장난이다.

물론 이러한 교육정책은 유럽연합에서 살아남기 위한 필사적인 노력일 수도 있다. 그러나 몇몇 양심 있는 학자가 아닌 국민 모두가 하나의 목소리로 잘못된 역사를 바로잡는 일에 최선을 다하는 모습을 옆에서 지켜보고 있노라면 한국인으로서 자연스럽게 울화가 치밀어 오른다. 너무나 뻔뻔스러운 일본! 그 철면피 같은 역사의식을 가진 사람들을 증오하지 않을 수 없다.

철저한 자기반성과 함께 유대인과 주변국에 대한 사과를 바탕으로 유럽연합에서 어렵게 오늘의 위치를 일구어낸 독일인의 노력을 보며 무엇을 반성해야 하는지조차 인식 못하는 일본이라는 나라가 아직도 지구상에 존재한다는 사실이 불공평하다는 생각이 든다.

프로필 들고
직장 찾는 아이들

9학년 2학기 때 큰아이는 방과 후면 프로필을 써 들고 여기저기 다니면서 직장을 알아보느라 정신이 없었다. 10학년 초에 실습을 나갈 회사를 미리 정해야 하기 때문이다. 당시 아이는 과연 자신이 원하는 곳에 무사히 들어갈 수 있을지 꽤 초조해 보였다.

한 학년을 월반하고 나서 가장 큰 어려움은 바로 이런 것이었다. 수업을 따라가는 것은 생각보다 별 어려움이 없었지만 학교 밖으로 나가야 하는 일이 많아졌다. 이제 겨우 열세 살짜리가 프로필을 써서 희망하는 회사에 응모하고 실습 자리를 따내는 일은 쉽지 않아 보였다.

독일은 10학년을 '레알슐압슐루스Realshulabschluss'라고 하여 대학을 가지 않고 직업학교에 입학하는 아이에게는 졸업 학년이 된다. 이 학생들이 주로 다니는 레알슐레는 10학년이 정규 과정이지만 13학년까지 다녀야 하는 인문계 학교 김나지움에서도 성적이 너무 뒤떨어진다거나 대학 진학을 원치 않는 아이는 10학년에 졸업할 수 있다. 그래서 10학년이 되면 레알슐레를 다니는 아이뿐만 아니라 김나지움의 모든 학생도 각종 기업에서 2주 동안 실습을 해야 한다. 실습은 평소 자신이 관심 있던 직업이 현장에서는 어떻게 돌아가는지 실제로 일하면서 체험하는 기회가 된다.

정확한 실습 기간은 2주 동안이지만 프로필을 써서 준비하고 이력서를 내고 면담을 하는 등 여러 과정을 생각하면 한 학기 내내 이 일에 매달려야 한다. 동시에 아이들에게 앞으로 자신이 몸담아야 할 사회와 직접 맞닥뜨리는 첫 번째 시험 무대가 된다.

실습은 모든 직업에 해당된다. 의사부터 변호사, 제빵제과사, 요리사, 간호사, 공무원, 레스토랑 운영자, 심지어 막노동에 이르기까지 직업이라면 어떤 분야든 응시할 수 있다.

그런데 실습 시스템은 체계적이지 못한 것은 물론이고 학생과 실습장의 수적인 균형도 맞지 않는다. 인기 있는 직종은 경쟁이 치열해서 프로필과 학교 성적이 당락에 중요한 역할을 하는 반면 비인기 직업은 쉽게 자리를 얻을 수 있다. 성인이 직장에 취직하는 절차와 조금도 다르지 않다. 만약 스스로 실습 자리를 구하지 못하면 학교 서무과에 도움을 요청할 수도 있다. 그러나 그렇게 될 경우 그리 좋은 자리를 기대할 수는 없다. 몸으로 때우는 힘든 일을 각오해야 한다는 뜻이다.

아이들은 원서를 내기에 앞서 한 학기 독일어 시간 내내 자기소개서와 이력서 쓰는 법을 자세하게 배운다. 완벽한 프로필 한 장이 바로 한 학기 독일어 성적을 좌우하기 때문에 모두들 열심이다. 아이들은 이 실력을 바탕으로 프로필과 이력서를 작성한다. 직업에 따라 차이는 있지만 보통 세 학기 성적표 복사본을 첨부한 서류를 준비한 후 원하는 기업의 문을 두드린다.

물론 개중에는 부모의 인맥을 동원하는 경우도 있고 지인을 찾아가 도움을 청하기도 한다. 하지만 대부분 스스로 원하는 회사나 상점, 연구소 등에 직접 찾아가 원서를 내거나 우편으로 응모한다. 이런 과정을 통해 아이들은 한 학기 동안 부쩍 성장한다. 그때까지 부모의 그늘에서 응석만 부리던 녀석이 어엿한 사회의 일원이라는 소속감을 갖게 되고, 먹고살기 위한 경쟁이 얼마나 치열한지도 현장에서 생생하게 경험한다. 또한 이 체험은 김나지움에 다니던 아이가 만에 하나 10학년에 졸업한다 하더라도 당황하지 않고 자신의 직업을 스스로 찾을 수 있도록 도와주는 역할도 한다.

우리 아이가 원하는 곳은 대학의 물리학과 연구소였다. 목표는 정했지만 무엇부터 어떻게 시작해야 할지 몰라 우왕좌왕 헤맸다. 엄마나 아빠가 도와줄 수도 있었지만 혼자서 해결하도록 관여하지 않고 아이가 하는 대로 지켜만 보았다. 한동안 어려워하더니 몇 번의 시행착오 끝에 제대로 방향을 잡아갔다.

원하는 직업을 얻기 위한 가장 중요한 포인트는 신속한 정보력과 추진력이다. 아무리 책상에서 많은 것을 암기하고 지식을 넓힌다 해도 이에 따른 정확한 정보와 적극적인 행동이 뒤따르지 않는다면 다른 아이들과 보조를 맞추기 쉽지 않다.

서류를 준비하고 자리를 찾고 기업에 응모하는 일련의 과정을 통해 사회에 적응하는 법을 배우듯 독일 교육은 결과를 확인하는 것보다는 방법을 찾기 위해 얼마나 노력했는지에 더 많은 가치를 둔다.

불우이웃 돕기 위해
거리로 나가다

크리스마스 즈음이 되면 구세군 종소리가 명동 길거리에 가득 울려 퍼지는 한국의 연말 풍경이 떠오르곤 한다. 그리고 자선냄비에 묵직한 돈봉투를 넣는 모습을 텔레비전에 광고하듯 보여주던 일부 정치인이나 연예인의 모습도 생각난다. 그만큼 연말의 기부 행위는 이미지 관리하기에 아주 좋은 방법이었다. 동기가 어찌되었든 연말은 가난한 사람들을 한 번 더 되돌아보게 되는 계절인 것만은 확실하다. 각종 단체들의 자선 바자행사나 불우이웃돕기 캠페인을 보면 그래도 우리의 마음이 아직은 얼어붙지 않았다는 것을 느끼게 된다.

독일도 마찬가지로 이맘때쯤 되면 떠들썩하지는 않지만 곳곳에서 어려운 이웃을 위한 크고 작은 행사가 열린다. 특히 연말에는 각 학교마다 자체적으로 아이들이 선행을 하기 위해 코 묻은 돈을 모아 개최하는 바자회가 많이 열린다.

대부분의 독일 학교는 아프리카나 동유럽 지역의 학교와 개별적으로 긴밀한 관계를 맺고 지속적인 도움을 준다. 자선단체나 국가 차원의 지원 사업과 비교하면 규모는 작지만 이들의 활동은 꾸준히 이루어지고 있고, 도움이 전달되는 과정과 받은 사람들이 변화하는 모습까지도 투명하게 공개된다.

좋은 본보기로 큰아이 학교의 불우이웃돕기 활동을 보면, 이 학교는 아프리카 부키나파소라의 한 학교와 자매결연을 해서 후원하고 있다. 연말바자회를 제외하고도 크고 작은 행사나 특별활동을 통해 얻어지는 수입, 매주 금요일마다 돌아가며 케이크를 구워 판매한 금액 등을 모두 후원 사업에 쓴다. 그 중에서도 가장 큰 수입원은 역시 크리스마스를 즈음해서 개최되는 바자회다.

바자회는 선생님과 학부모의 도움을 받기도 하지만 아이들이 직접 계획하고 준비하는 것을 원칙으로 한다. 대부분 쓰던 책, 학용품, 장식 소품 등 재활용품이나 아이들이 얼기설기 만든 수공예품, 집에서 직접 구운 피자나 쿠키 등의 먹을거리를 판매한다.

또 아이들이 팀을 나누어 직접 거리로 나가 상가마다 찾아다니며 기부를 호소하기도 한다. 지난해 참여했던 우리 아이에게 물어보니 학생이 불우이웃을 돕겠다고 하면 상가 주인들은 기꺼이 물건이나 현금을 내어준다고 한다. 당시 우리 아이가 속한 팀이 오후 몇 시간 동안 돌고 200유로(약 34만 원) 정도의 돈과 상품을 모았던 기억이 난다. 불과 몇 시간 만에 그렇게 많은 금액이 모였다는 말을 듣고 깜짝 놀랐다.

얼마 전에는 자매결연 맺은 부키나파소 학교의 선생님이 이곳을 방문했다. 선생님은 반마다 돌며 자신이 일하는 학교의 열악한 상황을 아이들에게 상세히 알려 주었고 그동안 보내준 후원금으로 학교가 어떻게 변했는지 사진과 자료들을 보여 주었다고 한다. 특히 '하늘이 보였던 학교의 지붕을 만들 수 있었던 것이 가장 감격스러운 일이었다'라며 이 학교의 아이들에게 고마운 마음을 전했다.

지난 2009년 연말에도 어김없이 큰아이 학교에서는 불우이웃돕기 바자회가 열렸다. 행사와 함께 한 해 동안 아이들이 틈틈이 벌어 모은 돈을 결산하니 모두 12,589유로(2천만 원 정도)였다. 2009년에는 이전 해보다 3,000유로를 더 많이 모아서 모두 자신들의 사업 수완에 만족해했다.

1회성에 그치는 불우이웃돕기 행사도 좋지만 이렇게 꾸준히 관계를 맺고 지원하는 것이 더 의미 있어 보인다. 특히 청소년이 직접 지혜를 짜내어 적극적으로 참여하는 것을 보면 책상머리에 앉아서 하는 공부보다 백 배 낫다는 생각이 든다. 봉사하는 마음만 배우는 것이 아니라 남을 돕기 위해서는 물질적인 지원이 필요하다는 것을 알게 되고 또 '어떻게 그 돈을 마련할까' 토론하고 연구하면서 실질적인 경제 공부도 하게 되니 일석이조인 셈이다.

이렇게 독일 아이들은 어렸을 때부터 기부 문화에 자연스럽게 익숙해진다. 그것도 단순하게 불우이웃돕기 성금을 가져오는 행위가 아니라 거리로 나가 모금을 하고 케이크를 굽고 장사를 하는 등 구체적으로 발로 뛰면서 배운다. 독일 사람들은 어떻게 보면 너무하다 싶을 정도로 대충 먹고 대충 입어서 볼품이 없다. 겉으로만 보자면 한국보다 독일이 선진국이라고 생각될 만한 것은 없다. 하지만 '도대체 이 나라가 뭐가 선진국이야?'라는 의문에 대한 답은 보이지 않는 곳에 있다. 때 맞춰 교회를 찾고 입으로만 떠드는 요란한 종교 행위를 하지는 않지만 이들은 하늘이 자신에게 내린 소명을 큰 감정의 동요 없이 조용히 수행하고 있다는 생각이 들 때가 많다.

고교생에게도 선거권 부여하는 독일 지방선거

"여러분! 제가 아헨 시장이 되면 전 과정 무상 교육을 부활시켜 대학교 등록금을 완전히 없애겠습니다. 아헨 시내를 자전거만으로도 일주할 수 있도록 자전거 도로를 확실히 신설하고 정비하겠습니다. 또한 버스비를 일 유로로 인하하여 이틀만 버스비를 절약하면 피자 한 판을 사 먹을 수 있도록 하겠습니다."

"와~와~와~ 짝짝짝!!!"

지난 2009년 아헨 지방선거에 출마한 칼 슐타이스 사민당 후보가 어느 합동 유세장에서 했던 연설이다. 이날 선거 유세에는 사민당(SPD) 후보를 필두로 해서 이 선거에서 시장으로 당선된 마셀 필립 기민당(CDU) 후보와 녹색당, EDP, FWG, UWG, 무소속까지 총 일곱 명의 후보가 함께했다.

그런데 이 유세가 열린 곳은 신기하게도 중고등학교인 김나지움 중앙 홀이었다. 그것도 주말이나 방과 후 빈 시간에 장소를 빌려서 열린 것이 아니라 한창 수업 중일 오후 2시부터 4시까지 두 시간 동안이나 학교가 떠들썩하게 선거 유세를 진행했다.

우리나라 고등학생 정도의 연령인 독일 김나지움 고학년 학생들은 정치를 어떻게 생각할까? 특히 선거에 대해서는 어떤 관심을 보일까? 누군가는 학생이 공부나 열심히 하지 어른이 하는 일에 무슨 관심을 갖느냐고 생각할지도 모른다. 그러나 이들에게 선거는 어른만의 일이 아니다.

독일은 지방선거의 경우 만 16세, 그러니까 우리나라 고등학교 2학년 정도의 나이인 김나지움 11학년이 되면 선거권이 주어진다. 정치 시간에 구체적으로 배우기는 한다지만 아직은 좀 이르지 않나 생각할 수도 있다. 과연 이들이 지지 정당에 대해 제대로 알긴 하는지 의문이 들지만 독일인은 그렇게 여기지 않는다.

어느 김나지움에나 수백 명의 유권자가 있다 보니 정당마다 학교에서 선거 유세를 하는 기회를 호시탐탐 노리는 것은 당연하다. 이를 위해 학교는 합동 유세장을 만들어 후보들이 직접 찾아와 선거운동을 할 수 있도록 돕는다. 당시 우리 큰아이가 다니는 학교에는 아헨 시장에 입후보한 사람이 모두 모였다.

이 학교 11학년부터 13학년까지의 전교생은 수업을 빠지고 의무적으로 두 시간 동안 유세를 들어야 했다. 수백 명의 학생을 한 자리에 모아 놓았으니 난리가 아니었겠지만 그런 와중에도 정치에 관심 있는 아이들은 수준 높은 질문을 해가며 열심히 듣는다.

아이의 말에 따르면 학생이 한 질문 중에도 예리하고 흥미로운 것이 많다고 했다. 어떤 학생이 사민당의 칼 슐타이스 후보에게 '당신은 방금 한 공약에서 대학 등록금을 100퍼센트 없애겠다고 했는데 어떤 설문조사에서는 50퍼센트의 가능성만을 시사한 것으로 안다. 왜 주장이 일관되지 않은가'라는 당황스러운 질문을 던졌다. 그랬더니 그는 약간 머뭇거리며 '지금 한 말은 희망사항이고 그 설문은 가능성에 대한 대답이었다. 나는 등록금을 없애기 위해 노력하겠지만 그 가능성은 사실 50퍼센트라고 본다. 시의 예산이 충분하지 않기 때문에 장담할 수는 없는 일이다'라고 해명했단다. 선거 유세치고는 너무 솔직한 대답이지만 독일인의 성향으로 보아 충분히 가능한 일이었다.

또 다른 경우는 이랬다. 어떤 학생의 누나가 네오나치가 모여 있는 독일 극우파 정당인 NPD로부터 전당대회 초대장을 우편으로 받았다. 그의 누나는 너무 불쾌했고 어떻게 NPD에 가입한 일도 없는데 이런 편지가 올 수 있는지 궁금하다며 '주민들의 주소록을 정당이 살 수 있느냐?'라고 물었다고 한다. 이에 대해 그 후보는 '어떤 경로든 주소록을 구입하는 것은 어렵지 않다'라고 밝혔다. 동시에 사민당과 기민당 후보는 그것이 개인의 사생활 침해라고 생각해서 구하지 않았다고 대답했다. 돈을 주면 얼마든지 살 수 있는 주소록을 어떤 정당은 쉽게 구입해서 선거에 이용하고 또 어떤 정당은 사생활 침해라며 사양한다니 정말 다양한 사람이 모인 나라답다는 생각이 들었다.

　독일은 이렇게 16세 청소년이 지방선거에 참여한다. 너무 어리다고 여길 수도 있지만 관심 있는 아이들은 이미 어른만큼 정확한 정보도 알고 적극적으로 참여도 한다. 오히려 자기 이권을 위해서만 움직이는 어른보다 이들의 눈이 더 순수하고 정확하지 않을까 싶기도 하다.

　어쩐지 지난 학기 정치 시간에 선거에 관해 자세히 배우는 것 같더니만 이번 지방선거에서 바로 실습에 들어가기 위해서였나 보다. 아직 열여섯은 되지 않았지만 우리 아이도 11학년이라 이날 유세장에 참석해서 졸린 눈을 치켜뜨며 듣느라고 고생 좀 했단다.

독일 초등학교의
깜찍한 분쟁조정 판사들

얼마 전 작은아이가 학교에서 돌아오자마자 얼굴이 상기되어 재미있는 이야기를 들려주었다. 지난 3학년 2학기 특별활동 시간에 교육받은 분쟁조정을 한 학기가 지나고 4학년이 된 이날 드디어 직접 경험하게 되었다는 것이다. 아이는 으쓱해서 잘난 척을 해댔다.

독일 학교에는 '분쟁조정자'라는 말로 번역할 수 있는 '스트라이트슐리히터Streitschlichter'라는 직책이 있다. 한국 학교에서 비슷한 역할을 들자면 학생회 임원 정도가 될 것 같다. 학생들이 싸우거나 문제를 일으키면 스트라이트슐리히텐Streitschlichten(분쟁조정을 하다) 임무를 띤 학생이 조정에 나서는 것이다. 스트라이트슐리히터의 원만한 역할 수행을 위해 학교에서는 게시판에 사진을 걸어 두고 분쟁조정을 담당하는 학생이 누구인지 공시한다.

몇몇 주를 제외한 독일 대부분의 초등학교에서 4학년은 가장 높은 학년이다. 4학년이 끝나면 인문계인 김나지움이나 실업계 학교로 진학한다. 그렇기 때문에 학교에서 가장 고학년에 해당하는 4학년은 저학년 동생들을 보살피는 의무가 따른다. 학년 초에는 1학년 학생과 일 대 일로 자매결연을 맺어 책임감을 갖고 후배들을 도와주고, 가장 상급 학년으로서 학교의 궂은 일들을 도맡아하기도 한다.

4학년 때 분쟁조정사로 활동하기 원하는 학생은 3학년 2학기부터 미리 특별활동 시간에 교육을 받는다. 일주일에 한 시간씩 한 학기 동안 수업을 받고 근사한 자격증을 받는 이 교육은 모든 학생이 아니라 특별히 관심이 있는 아이만을 위한 과정이다.

초등학교에서는 이 일이 무엇인지도 모르고 단순한 호기심으로 시작하는 경우가 대부분이지만 고학년으로 갈수록 법에 흥미를 가진 아이들이 많이 참여한다. 교육 과정에는 초등학생이라 할지라도 그 나이 눈높이에 맞추어 꽤 전문적인 분쟁조정 지식을 익히게 된다.

작은아이가 제대로 알기나 한 것인지 엉뚱하게도 어느 날 이 과정에 참여하겠다고 했다. 처음에는 잘 모르고 별 관심도 없어 그러려니 했는데 배우는 과정이나 이후에 역할을 수행하는 모습을 보니 아주 흥미로웠다.

처음에는 분쟁에서 조정자의 역할의 중요성에 대해 공부한다. 이 과정에서는 두 마리 동물이 싸우다 화해하는 과정을 그림으로 보고 서로 의견을 나누거나 우화를 직접 쓰면서 스트라이트슐리히텐이란 무엇인지 배운다. 그리고 본격적인 교육에 들어가면 4단계의 조정 과정을 한 학기 동안 차례로 배운다.

첫째, 조정의 도입 부분에 이행할 내용이다. 가장 먼저 이름을 밝히고 악수를 나누고 대화의 자리로 데려가는 등 일의 순서라든지 분쟁 당사자에게 자신들의 역할과 변호, 경청, 욕하지 말 것 등의 규칙을 명시하는 요령을 학습한다. 또한 모든 규칙에 대한 찬성 여부를 확인한 다음 자신들은 분쟁조정자로서 중립과 비밀을 보장할 중요한 의무가 있다는 것을 알아간다. 이 과정에서 눈빛을 주고받거나 고개를 끄덕이는 등 남의 말을 경청할 때의 자세와 방법도 상세히 배운다.

둘째, 분쟁 당사자의 이야기를 구체적으로 듣는 연습이다. 차례를 정하고 순서에 대해 불만이 없는지 물은 다음 끝까지 이야기를 경청하는 것이다. 모두 들은 후에 조정자는 다시 한 번 반복하여 사건을 정리해 주고 서로 정확하게 이해하는지 확인한다.

셋째, 각자의 입장을 충분히 해명하게 한 후 스스로 문제의 옳고 그름을 판단하는 과정에서 어떻게 지혜롭게 문제를 풀어갈지에 대한 학습이다. '그런 행동을 했을 때 상대방이 어떤 기분일지 생각해 보았는가?' '만약 너라면 그런 말을 들었을 때 어땠을까?' 등의 질문을 하는 방법으로 상대를 이해하도록 유도하며 함께 해결책을 찾아본다.

넷째, 이 모든 과정을 기록으로 남긴다. 문제의 해결점을 찾았다면 간단하게 요약하여 쓰고 만일 합의에 이르지 못했다면 다음 휴식 시간에 다시 만날 장소와 날짜를 기입해 둔다. 이 기록을 모두가 들을 수 있도록 큰 소리로 읽어 주고 글의 공정성에 대해 불만이 없는지 확인하면 비로소 스트라이트슐리히터의 분쟁조정 업무가 끝난다.

우리 아이 학교는 4학년이 되면 이런 교육 과정을 끝까지 이수하고 자격증을 받은 학생이 둘씩 짝을 지어 휴식 시간에 학교 운동장을 지킨다. 머리에 숨구멍도 아직 닫히지 않은 조그만 녀석들이 법정에서 일어나는 일을 흉내 내는 이야기를 들으면 귀엽기도 하고 그럴듯하기도 한 것이 아주 재미있다. 이 과정은 선생님의 개입 없이 아이들 스스로 분쟁을 조정함으로써 학교 폭력을 예방하고 성숙한 시민 의식을 키워주는 교육이다.

작은아이가 이날 분쟁조정자 역할을 하게 된 사연은 이렇다. 장난이 심한 두 녀석이 학교 운동장에서 한 학생을 집중적으로 놀리다가 밀어 넘어뜨리면서 싸움이 시작되었다. 화가 난 아이는 운동장을 지키던 스트라이트슐리히터에게 달려와 이 일을 알렸고 우리 아이와 친구는 세 녀석을 빈 교실로 데려가서 상담을 시작했다.

먼저 악수를 하면서 각자 자기소개를 하고 의무와 자세에 대해 상세히 설명했다. 그리고 찬성 여부를 확인한 다음 본격적인 분쟁조정에 들어갔다. 그런데 이날 싸운 세 녀석은 상대방에게 책임을 전가하며 한 치의 양보도 하지 않았기 때문에 원만한 합의를 이끌어낼 수 없었고 다음 날 휴식 시간에 다시 만날 장소를 정하고 헤어졌다는 것이다.

성공적인 조정을 이루지는 못했지만 다음 만남을 위해 상세한 기록을 남기는 일까지 깔끔하게 마무리한 셈이었다. 다시 만날 때는 반드시 이날 참여한 스트라이트슐리히터가 동석하는 것이 아니기 때문에 모든 사람이 기록만 훑어보면 사건을 정확히 파악할 수 있도록 써두어야 한다. 두 번째 만남에서도 제대로 화해하지 못하면 어떻게 되느냐고 물었더니 그럴 경우에는 선생님의 도움을 받는다고 했다.

초등학교 4학년 학생을 어떻게 믿고 이런 일을 시키는지 신기하다는 생각이 들어 담임선생님을 만날 때 이러한 교육이 얼마나 효과가 있는지 물어보았다. 그런데 아이들이 의외로 너무 진지하게 잘하고 있고 스스로 문제를 해결하는 경우가 많다고 했다. 또 아직 어리다 보니 다음 약속까지 감정이 남아 있는 경우도 없고 약속 당일에 보면 다시 친한 친구가 되어 분쟁이나 조정이라는 말이 필요 없어지는 경우가 대부분이라는 것이다. 그러니 선생님에게까지 갈 일이 거의 없다고 한다.

우리 아이 학교는 지난 2003년 '초등학교 폭력 예방' 프로그램의 일환으로 이 제도를 도입한 후 좋은 성과를 거두었다. 담임선생님은 지난 수년간 교육에 참여한 교사나 사회교육가, 학생들 모두 만족하고 있다며 아이들의 능력은 어른이 생각하는 것보다 대단하다고 감탄했다.

그날 작은아이도 흥분할 정도로 이 경험이 재미있고 인상적이었던 모양이다. 마치 중대한 재판 결과를 보고하듯 진지하게 사건의 개요와 과정을 전문 용어까지 사용해가며 조목조목 설명해 주는데 웃음이 튀어나오려는 것을 참고 끝까지 들어주느라 애를 먹었다. 아이는 설명을 마치더니 불쑥 판사 이야기를 꺼냈다.

"엄마, 나 커서 판사 될까?"

"뭐? 판사?"

"오늘 해보니까 재미있는 것 같아."

"이 녀석아, 판사는 재미있는 놀이가 아니라 아주 중요한 일이야. 잘 생각해 봐야지."

"이런 거 하는 게 판사 아니야?"

"으잉? 그건 맞는 말이네."

그러고 보니 이렇게 또 어렸을 때부터 직업에 대해 살짝 맛을 볼 수도 있겠다는 생각이 들었다.

사실이라도 인정하지
않을 권리는 있다

예전에 대한민국 검사의 신분으로 '현직 검사가 말하는 수사 제대로 받는 법'이란 글을 언론사에 기고한 검사가 옷까지 벗게 된 사건이 있었다. 그런데 그 글이 검찰의 조직 기강까지 뒤흔들 정도로 큰 일이었던가 생각해 보면 실소를 금할 수 없다.

문제가 되었다는 '피의자가 되었을 때 아무 말도 하지 말고 변호인에게 모든 걸 맡겨라, 유리한 주장을 하려고 수사에 대응하는 순간 오히려 덜미를 잡혀 불리해질 수 있다'라는 내용은 바로 우리 아들이 독일 학교에서 받는 평범한 교육의 일부분일 뿐이다.

학년이 올라가면서 학교에서도 경찰서에서 파견 나온 경관을 통해 청소년 범죄의 유형과 정확한 법적인 지식을 알려 주는 교육이 이루어진다. 특히 요즘은 인터넷의 성행으로 자신도 모르는 사이에 법을 어기는 행위를 하게 되고 극단적인 경우엔 영문도 모르고 경찰서까지 들락거리는 청소년이 늘어나다 보니 학부모나 학교 측에서도 그에 관한 철저한 교육이 이루어지기를 바라고 있다.

큰아이가 다니는 학교는 10학년 때 현직 경찰관에게 직접 이에 관한 교육을 받는다. 수업을 받고 온 아이의 자세한 설명을 듣고는 내용이 참 어이없다는 생각을 하면서도 '왜 우리에게는 그런 권리를 가르쳐주는 사람이 아무도 없었을까'라는 억울한 마음이 들었다. 그날 아이가 받은 교육은 옷 벗은 검사의 '수사 제대로 받는 법'이란 기고문이 떠오를 정도로 비슷한 내용도 있었지만, 그보다 더 강도 높은 이야기도 있어 인상적이었다.

"너희가 어떤 이유로든 경찰서에 가서 조사 받게 된다면 절대 함부로 잘못을 인정해서는 안 된다. 너희에게는 설사 사실이라 하더라도 끝까지 인정하지 않아도 될 권리가 있다. 범죄를 인정하는 단 한마디가 입에서 나오는 순간 경찰도 그 누구도 너를 처벌에서 자유롭게 해줄 수 없다. 이미 늦은 것이다."

도대체 경찰이 범인을 잡겠다는 건지 놓아주겠다는 건지 분간을 할 수 없을 정도로 철저하게 피의자의 입장에서 정보를 알려 준다는 생각이 들었다. 그 말을 듣고 보니 독일인이 경찰을 신뢰하는 이유를 알 것 같았다.

독일인은 우리나라 사람처럼 경찰에 대한 거부감이 거의 없다. 또한 이들이 반드시 끔찍한 범죄 현장에나 나타나야 자연스러운 것은 아니다. 이웃과의 말싸움에도 쉽게 경찰을 불러내고 어디서건 도움이 절실히 필요하면 거리낌 없이 경찰을 호출한다.

오래 전 나는 주차하다가 세워둔 차를 들이받은 사고를 낸 적이 있었다. 사고를 당한 차 주인은 자리에 없었고 당황해서 쩔쩔매던 나는 생각 끝에 전화로 신고를 했다. 10분쯤 후에 달려온 경찰은 접촉 사고는 내가 냈지만 오히려 더 많이 망가진 내 차를 보고는 측은해하며 위로했다. 간단한 조사를 마친 후 떨어져 나간 부속을 주워 모아 범퍼를 끼우려고 한참 끙끙거리며 차 밑에 들어가 노력하는 그 경찰관이 얼마나 고마웠는지 모른다. 그 후부터는 독일 경찰을 바라보는 내 시각도 변하기 시작했다.

독일인들은 경찰을 죄를 지은 범인을 잡는 사람이라기보다는 봉사를 우선으로 하는 직업이라는 인식을 갖고 있다. 이렇게 그들의 얼굴이 사람들에게 친근하게 다가온 것은 어느 날 갑자기 나타난 현상이 아니라 오랫동안 관이 아닌 시민의 편에서 일했기 때문일 것이다.

교육자로서 후회 없는 선택은
규칙을 위반한 일

스테판 선생님은 지난해 암수술을 받은 뒤 눈에 띄게 건강이 쇠약해져 예전의 활동력을 되찾지 못하는 것 같아 안타깝다. 그러나 요즘도 탁구 클럽에서 아이들을 가르치는 일은 거르지 않는다. 극구 말리는 부인과 싸우면서도 건강을 위해 좋은 운동이라며 꼬맹이들 탁구 지도를 즐겨한다. 아무리 몸이 불편해도 언제나 얼굴에 미소를 잃지 않고 아이들과 이야기하는 것을 좋아하는, 교사라는 직업이 너무 잘 어울리는 분이다.

선생님에게 45년 동안의 교사 생활을 통해 가장 후회가 없는 일이 무엇이었는지 물어보자 가장 기억에 남는 학생에 대한 이야기를 들려주셨다.

지금은 중년이 되어 아헨 대학 교수로 일하고 있는 그 학생이 김나지움에 입학할 때였다. 이미 언급한 대로 독일은 초등학교 4학년에 인문계와 실업계로 진로가 결정된다. 그때는 선생님이 퇴직할 때까지 몸담았던 하일리히가이스트 김나지움에서 교감으로 있을 때였다. 한창 신입생 원서를 받을 즈음에 한 부모가 찾아왔다. 자기 아들을 이 학교에 반드시 입학시키고 싶다는 부탁을 하기 위해서였다.

독일은 김나지움에 가려면 기본적으로 담임교사의 추천과 일정 수준의 초등학교 4학년 1학기 성적표가 필요하다. 그 기준이 절대적으로 성적순은 아니고 선생님의 추천 등 여러 가지 요인이 복합적으로 영향을 미친다. 그런데 그것도 어느 정도 성적이 되어야 고려할 수 있지 아주 하위권 아이들은 선택의 여지가 없이 하우프트슐레나 레알슐레라는 실업계 학교로 진학해야 한다.

선생님을 찾아온 부모가 내민 성적표를 보니 얼토당토 않아 보였다. 수학을 제외한 나머지 성적은 대부분 4점 정도로, 담임교사는 독일에서 가장 성적이 낮은 아이들이 가는 하우프트슐레를 추천했다. 그래도 그 부모는 아들이 반드시 김나지움을 가야 한다며 '우리 아이는 수학을 좋아하고 커서 물리학자가 되기를 원한다. 다른 공부가 부족하지만 그것과 수학은 상관없다고 생각한다'라며 억지를 부렸다. 그런데 정작 수학도 아주 뛰어난 실력은 아니었다. 완벽하게 1점을 받은 것도 아니고 2점 정도의 성적으로 그렇게 말하는 것을 보고 처음에는 욕심이 지나치다고 생각했다. 그러나 아이의 부모는 성적이 아니라 아이가 수학을 좋아하는 것이 중요하다고 주장했다. 아이는 하고 싶은 공부만 집중하는 학생이었고, 부모가 싫어하는 과목을 억지로 시키지도 않았기 때문에 이런 결과가 나오게 된 것 같았다.

처음에는 가당찮은 소리라고 생각했지만 너무 간절히 원하는지라 선생님은 아이를 따로 만나 보았다. 부모의 말대로 학생은 수학을 정말 좋아하는 것처럼 보였지만 약간의 자폐 증세가 있었고 사회성에도 문제가 많았다. 그러나 아이를 만날수록 학교 생활에는 문제가 있을지 몰라도 분명 자신이 좋아하는 공부를 한다면 성공할 것이라는 확신이 섰다.

그 후 선생님은 여러 번에 걸쳐 교장선생님을 설득했고 자신이 책임지겠다는 보증까지 서가며 아이를 입학시켰다. 아무리 진학이 성적순은 아니라지만 이는 학교의 기준을 무시한 것이었고 문제의 소지가 다분했다. 생각하기에 따라서는 비리를 저지른 교사가 될 수도 있었다. 그러나 독일은 상급 학교 진학 기준이 교사의 주관적인 판단을 무시하지 못하기 때문에 이런 일이 가능했다.

아이는 여전히 문제가 많았다. 수학과 물리를 제외한 다른 과목은 항상 바닥을 면치 못했으니 학교 공부를 정상적으로 따라가기 쉽지 않았던 것이다. 결국은 두 번이나 유급을 당하며 어렵게 아비투어를 치르고 물리학과에 입학했다.

그러나 그때부터 완전히 다른 사람이 되기 시작했다. 물 만난 고기처럼 학문에 재미를 느끼고 매달리더니 속사포로 졸업을 하고 박사까지 받아서 지금은 대학교수가 되었단다. 큰 명절이나 선생님 생일 때마다 찾아와 인사를 하고 간다는 이 중년의 제자는 지금도 그런 말을 한다고 한다. '당신이 아니었으면 나는 아마 직업도 없는 룸펜이 되었을 것'이라며 감사드린다고.

감동적인 추억담이었다. 스테판 선생님의 이야기만이 아니라 독일에는 이렇게 학교 성적과 다르게 성공한 사람이 많다. 독일 교육도 객관적인 성적을 완전히 무시하지는 못하지만 기회만은 사방에 열려 있다. 모두가 그 기회를 잡지 못하는 것은 우리가 생각하는 것만큼 성공에 절대적인 가치를 두지 않기 때문이다. 독일에는 삼시세끼 굶지 않고 여름에 휴가를 다녀올 수 있는 정도의 삶을 유지하면 만족하는 사람이 의외로 많다.

처음에는 '공부만 하면 기회가 이렇게 많은 나라에서, 혹은 공부를 못해도 노력만 하면 얼마든지 인생을 바꿀 수 있는 나라에서 왜 저렇게밖에 못 살까'라고 생각하던 때도 있었다. 그러나 이들이 사는 모습을 보면 '과연 인간의 행복을 위해 성공이라는 것이 얼마나 큰 작용을 할까?'라는 의문을 갖게 된다. 그 성공을 위해 오늘 누려야 할 것을 포기하는 삶이라면 진정 행복한 삶이라고 할 수 없을 것 같다.

스테판 선생님의 제자처럼 자신이 하고 싶은 일을 계속하는 행운을 잡는다면 진정한 성공이라고 말할 수 있겠지만 한국 같은 제도권 교육의 속성은 이런 예외를 대부분 용납하지 않는다. 그 폐쇄된 제도 속에서 많은 영재가 세상 밖으로 나오지 못하고 사장된다. 우리 사회는 진정한 인재를 바라는 것이 아니라 제도권 교육의 규율에 딱 들어맞는 인간형을 원하는 것은 아닐까 하는 슬픈 생각이 든다.

독일에서는
놀면서 공부해도
부족하지 않아

3

독일 아이들은
잠이 부족하지 않아

"아니 지금이 몇 신데 이제야 들어오는 거야! 또 잤니?"

"……."

"잠을 자도 그렇지, 오늘은 어째 다른 날보다 더 늦은 것 같다? 무슨 일 있었어?"

"종점에서 돌아 나오다가 또 잠들어서 학교 앞까지 다시 갔다 왔어."

"네가 인간이니? 정신 좀 차려라 제발! 밤에 잘 잠 다 자면서 왜 그러는 거야. 한국 아이들 생각해봐. 너보다 절반밖에 안 자고도 정신 차리고 잘만 다녀. 그리고 창피하지도 않니? 독일 아이들이 버스 안에서 자는 것 봤어?"

"그게 짜증나 엄마! 난 왜 이런 거야. 내 마음대로 안 돼. 나라고 자고 싶어 그러는 줄 알아?"

"얼씨구! 외려 더 큰소리네."

엄마 잔소리를 피해갈 방법을 잘 알고 있는 이 녀석이 꽤 진지한 얼굴을 하고서는 더 심각한 척 너스레를 떤다.

처음에는 배가 고파 죽겠다고 소리치며 뛰어 들어오던 녀석이 때가 되어도 소식이 없으면 덜컥 겁부터 나곤 했다. 그런데 이제는 '또 종점까지 갔구먼!' 하고 익숙하게 여유를 부린다. 한두 정거장 더 간 것은 이제 놀림거리도 아닌데 학교를 다시 갔다 왔다니. 언젠가는 분명 탈 때는 문 쪽에 앉았는데 일어날 때 보니 창가에 있더라고 고개를 갸웃거리며 들어온 적도 있었다. 누구를 닮아서 저토록 신경이 둔한지. 예민한 나를 닮은 것은 아닐 테니 제 아빠겠지.

2년 전에 본래 살던 시내와 좀 떨어진 외곽으로 이사한 후부터 버스 타는 시간이 길어져서 그런지 아들의 하굣길은 잠과의 전쟁이 되었다. 아기 때는 잘 울지도 않고 밤에 단 한 번 깨지 않던 녀석이 대견했다. 엄마보다 일찍 잠들어서 늦게 일어나는 착한 아기 덕분에 힘든 줄 모르고 쉽게 키웠다. 그때는 그렇게 예쁠 수가 없더니만 한창 공부해야 할 나이에 아직도 잠버릇이 그대로니 요즘은 미워 죽을 판이다. 그래도 공부할 때 집중력 하나만은 좋은 편이라 애써 그것을 위안 삼는다.

가끔은 버스 안에서 퇴근하는 아빠를 만나기도 하는 모양인데 가관 중에 그런 가관이 없더란다. 꾸벅꾸벅 조는 게 아니라 이건 완전히 입까지 '헤~' 벌리고 깊은 잠에 빠져 단꿈까지 꾸고 있더란다. 하도 한심해서 남이 안보는 틈을 타 뒤통수를 세게 한 방 쥐어박았는데 눈을 번쩍 뜨고 두리번거리더니 머리를 긁적이고는 다시 픽 고꾸라지는 것을 보고 제 아빠도 할 말을 잃었다고 한다.

이런 모습이 차 안에서 유독 눈에 띄는 것은 독일은 버스에서 자는 아이들이 거의 없기 때문이다. 아이뿐 아니라 어른도 마찬가지다. 살짝 꾸벅거리는 사람도 찾아보기 힘들다.

그만큼 이들은 밤에 충분히 잠을 잔다. 잠을 줄여가며 뭔가를 한다는 생각은 아예 하지 않는다. 특히 초등학교 아이들은 저녁 7시만 되면 대부분 잠자리에 든다. 한여름에도 대여섯 시만 되면 길에 돌아다니는 아이가 없을 정도로 어려서부터 잠자는 시간을 정확하게 지키는 것이 습관화되어 있다.

그런 사람들에게 한국 아이들은 자정이 넘도록 공부해도 부족하다고 설명하면 놀라 자빠진다. 말이 떨어지기가 무섭게 가장 먼저 나오는 말이 '그럼 건강은 어떻게……'이다. 이것도 독일 문화에 익숙하지 않을 때 큰아이 친구 엄마들에게 하던 이야기지 이제는 민망해서 이런 말을 꺼낼 수도 없다.

잠 하면 떠오르는 여고 시절 교실 풍경은 아무리 세월이 흘러도 곱씹을수록 웃음이 난다.

"차렷, 경례!"

"선생님, 감사합니다."

인사가 끝나자마자 우리는 약속이라도 한 듯 정말 '총 맞은 것처럼' 쓰러졌다. 그 짧은 5분 동안 노트에 침까지 흘려가며 깊이도 잤다. 낙엽 구르는 소리에 눈물 짓고 남학교 담장만 봐도 얼굴이 발그레 달아오르던 수줍은 사춘기 소녀는 모두 어디 갔는지. 쉬는 시간 교실은 '잠 아니면 죽음을 달라!'는 아귀로 그득했다. 그때는 너나 할 것 없이 피곤한 눈으로 세상을 봐서 그런지 고등학생이 되면 누구나 잠이 많아진다고 생각했다. 등교 버스에서 운 좋게 자리라도 하나 얻어 걸리면 엉덩이를 붙이자마자 눈부터 감았고 어디서든 틈만 나면, 등 기댈 수 있는 손바닥만 한 공간이라도 나타나면 필사적으로 잠부터 청했다.

어른들은 그것을 전혀 측은하게 생각하지 않았다. 그렇게 사투를 벌이고 있는 우리에게 '그때가 그래도 가장 좋을 때다'라고 하면서 당연하다는 듯이 말했다. 뭐가 좋다는 건지 이해가 되지 않았다. 인간의 가장 기초적인 본능조차 해결하지 못하는 삶이 가장 좋을 때라고?

그 생각이 나서 어느 날 문득 큰아이에게 고등학교 1학년 독일 아이들은 교실에서 어떤지 물어보았다.

"너희 반에도 수업이 끝나자마자 엎드려 자는 아이들이 있니?"

"아니, 왜 잠을 자? 아참! 한두 명 있을 때도 있어."

그 말을 듣자 갑자기 반가운 생각에 "와! 걔는 밤에 공부를 그래도 꽤 열심히 하는 모양이네."라며 호들갑을 떨었다.

"잠 안 자고 공부하는 애가 어디 있어! 오락하느라 그러지."

"그럼 너는?"

"나? 배고파 죽겠는데 잠이 오겠어? 빵 먹을 시간도 없는데."

역시나 그럼 그렇지. 기대했던 내가 잘못이지. 녀석은 노는 시간 틈틈이 빵을 먹어야 하기 때문에 잠잘 시간이 없다고 했다. 우리 아들에게 잠보다 더 중요한 빵이 있다는 사실이 이때는 그렇게 다행스러울 수가 없었다.

공부, 운동
다 성공할 수 있어?

"한 시간 동안 제대로 공부 안 하면 탁구 하러 못 간다. 게으름 피우지 말고 확실히 해!"

큰아이가 한창 탁구에 빠져 정신없을 때 내 입에서는 허구한 날 이런 말이 흘러나왔다. 우리 두 아이는 탁구를 배운다. 작은아이는 아직 어려 멋모르고 장난 삼아 치지만 큰아이는 한동안 목숨 건 것처럼 몰입했다. 처음에는 취미 삼아 일주일에 한두 번 왔다 갔다 하더니 나중에는 하루도 쉬지 않고 연습에 가려고 하는 바람에 나를 은근히 걱정시켰다. 하지만 '혹여 성적이 떨어지면 어쩌나' 하는 처음의 우려와는 달리 부족한 시간을 쪼개어 공부하다 보니 능률면에서는 오히려 더 나은 것도 같았다. 어차피 독일 공부는 하루 종일 책상에 앉아 있는 것이 아니기 때문에 오히려 잘된 일이라고 생각했다.

그러나 문제는 그 정도에서 끝날 것 같지 않다는 데 있었다. 큰아이는 겁도 없이 목표를 분데스리가 선수로 정했다. 열두 살에 탁구를 시작해서 분데스리가에 진출하는 것은 결코 쉬운 일이 아니다. 그것도 공부를 포기하고 전력 질주한다면 모를까 둘을 병행하려면 시간이 절대적으로 부족하기 때문에 거의 불가능에 가까웠다. 탁구에 대한 집착이 예사롭지 않아 한 동안은 우려하는 마음이 점점 커졌었다. 시작한 지 2년이라고는 하지만 열심히 친 것은 겨우 1년 정도다. 그런데 얼마나 매달렸으면 제 나이 또래 7,8년 배운 아이들을 모두 제치고 우리가 사는 작은 도시에서 이미 탁구계의 다크호스로 떠오를 정도였다.

아들이 탁구에 빠져 헤어나지 못하는 것까지는 좋은데, 중요한 건 나도 점점 우리 아들이 멋있어 보였다는 것이다. 운동이라고는 '운'자도 모르고 공부만 해서 어깨가 구부정한 남편만 보다가 우리 아들을 보니 왜 그리 멋있는지. 마음 같아서는 '당장 공부 집어치우고 분데스리가나 가자'라고 외치고 싶었지만 차마 공부를 대충하라고는 못하고 겨우 한다는 말이 이거였다.

"우리 한국에서는 불가능한 기적 한번 이뤄 볼까? 탁구, 공부 모두 성공하는 거야!"

"그럼 엄마, 나 박사 탁구 선수 될까?"

"야! 그거 멋있다! 탁구 선수 OOO박사, 그럼 넌 아마 한국 최초가 될 거다."

"한국 최초? 한국에는 그런 사람 없어?"

"아마 없을걸. 왜 그런지 알아?"

이때부터 한국 교육에 대한 별난 강의가 시작된다. 결론은 언제나 "그러니까 너는 행복한 줄 알아, 이 녀석아!"로 끝나는 뻔한 연설이다.

그런데 이런 대화 자체가 이곳에서는 좀 생소한 일이다. 독일 아이들에게는 그리 새로운 테마가 아니기 때문이다. 공부를 잘하는 아이일수록 운동 한 가지 정도는 대부분 할 뿐만 아니라 프로급 수준으로 하는 학생도 적지 않다. 우리 아이 반에만 해도 청소년 여자농구 국가대표 선수와 지역대표 수영 선수가 있을 정도다. 그런데 그 학생들이 공부를 못하느냐 하면 그건 절대 아니다. 성적이 우수한 아이가 집중력과 지구력도 좋아서인지 운동도 잘한다.

물론 고등학교 졸업 시기가 되면 이곳에서도 공부와 운동 둘 중 하나를 선택해야 한다. 프로 선수의 길을 간다고 해서 공부를 못한다거나 머리가 나쁘다고 생각하는 사람은 아무도 없다. 공부를 못해서 운동을 하는 것이 아니라 운동 때문에 공부를 포기한 경우이기 때문이다. 그래서 프로 선수 출신 중에서도 대학을 나온 사람도 많고 박사 학위를 받은 사람도 있다. 이들이 특히 대단해 보이는 것은 독일 김나지움과 대학들이 운동선수라고 해서 거저 졸업장을 주지 않기 때문이다. 운동은 얼마든지 하되 학교 공부도 다른 학생과 똑같은 조건에서 해내야 한다.

김나지움 교사로 정년퇴직한 스테판 선생님은 성적이 상위권이었던 두 아들을 분데스리가 탁구 선수로 키워냈다. 지금 한 명은 변호사로, 다른 한 명은 물리학 박사로 대학에서 강의를 하고 있지만 그 아버지에게 아들들의 가장 자랑스러운 모습은 분데스리가에서 탁구 선수로 활동하던 시절이다. 74세의 연세에도 동네 탁구 연합회에서 어린 꿈나무를 가르치며 노익장을 과시하는 선생님은 틈만 나면 꼬마들을 모아 놓고 두 아들을 분데스리가로 보낸 이야기로 꽃을 피운다.

이곳에서는 너무나 평범한 이웃집 이야기가 우리에게는 기적이라는 이름을 붙여야만 설명할 수 있다니. 지구가 넓기는 꽤 넓은 모양이다.

11학년에 실컷 놀라고 말하는
진학지도 선생님

아이들이 학교에서 돌아와 점심을 먹는 시간에 큰 녀석이 무슨 일이 있었는지 진지하게 입을 열었다.

"엄마, 오늘 우리 학년 진학 담당 선생님이 들어와서 한 시간이나 입시 공부에 대해 이야기했어."

"듣던 중 반가운 소리네. 공부는 관심도 없는 줄 알았더니 독일도 고학년은 역시 다르기는 다른가 보구나. 그래 선생님이 뭐라고 하시디?"

"응, 십일 학년에서 가장 중요한 것은……. (엄마 눈치 한 번 흘깃 보더니) 원 없이 실컷 노는 일이래."

"뭐라고? 그게 입시 준비를 할 학생에게 할 말이야? 안 그래도 너무 놀아서 문제인데."

갑자기 어이없어 목청을 높이는 엄마를 이 녀석은 '내 저럴줄 알았지'라는 눈으로 한심하게 바라보았다. 나는 '그래도 말도 안 돼'라고 맞대응하며 팽팽한 신경전을 벌이기 시작했다.

"엄마, 내 말 먼저 잘 들어봐. 독일도 십이. 십삼 학년에는 내신도 있고 해서 열심히 하는 아이들은 정말 열심히 하거든."

"야, 그때는 다 열심히 하는 거고. 실컷 놀다가 갑자기 공부하려고 하면 바로 스위치가 바뀐다니? 엄마 학교 다닐 때는 방학도 없었어. 놀면 풀어진다고 방학 때도 학원이다 학교다 쉬지 않고 다녔어."

"그럼 그게 방학이야? 방학이 왜 있는데?"

'아이고 또 실수다.'

이 대목에 오면 항상 말문이 막히곤 했는데 이날도 흥분하는 바람에 깜박 내 스스로 수렁에 빠지고 말았다.

"오늘 선생님이 한 말이 나는 일리가 있다고 생각해."

"무슨?"

아무래도 느낌이 또 지는 것 같아서 벌써부터 내 목소리는 퉁명스러워졌다.

"사람의 육체와 정신의 에너지는 한계가 있어. 십이 학년에 가서 열심히 공부하려면 그 전에 후회 없이 놀고 할 것 다 해보고 나서 시작해야 더 집중도 잘 되고 효율적이라는 거지. 기계도 잘 돌아가게 하려면 사전에 기름 치고 닦아 주고 해야 하잖아. 사람도 마찬가지거든."

"그렇게 말하니까 아이들 반응은 어땠어?"

"반응? 당연하다는 얼굴이지 뭐. 우리 학년 아이들은 이미 엄청 놀고 있거든. 매주 술 마시고 춤추러 가고."

"그건 그렇지."

생각해 보니 새삼 놀랄 일도 아니었다. 독일 아이들은 이미 11학년부터 정말 실컷 노는 중이었으니 말이다. 우리 아이는 아직 만으로 열다섯 살이지만 11학년의 평균 나이는 열여섯 살이다. 그런데 독일 학교는 유급과 월반이 활발하기 때문에 같은 11학년이라도 17, 18세도 많고 심지어는 19살까지 있다.

독일은 16세부터 음주를 허용하고 크나이페라고 하는 술집이나 클럽도 출입이 가능하다. 그 나이가 보통 11학년에 시작된다. 우리가 대학에 입학하고 나서 한동안 넘치는 자유를 주체하지 못해 우왕좌왕하는 기분을 독일에서는 이미 11학년 때 느끼는 것이다. 실업계에 진학한 아이들은 10학년에 졸업을 하고 사회생활을 시작하는 나이라서 시기적으로 너무 이르다고 할 수도 없다.

앞으로는 김나지움 학제가 13학년에서 12학년으로 바뀌어 없어지겠지만 지금까지 독일 학교에서 11학년은 가장 한가한 시기다. 공부 부담도 없고 해외로 나가는 학생도 있고 스스로 입시 과목을 결정하기 위해 이 과목 저 과목을 실험적으로 들으면서 적성을 알아보기도 한다. 그러다 보니 간혹 우왕좌왕하는 경우도 있지만 그 어떤 학년보다 여유로울 수 있다.

수업도 대부분 복습 위주로 진행되기 때문인지 당장 우리 큰아이를 보더라도 매일 노는 것 같은데 성적이 좋다. 학교 공부가 쉬우니 아이들이 느슨해지는 것은 당연했다. 여기는 학원도 없으니 남아도는 것이 시간이다.

"네 말을 듣고 보니 그렇기도 하다. 그래도 그렇지 선생님이 새삼스럽게 강조할 것까지는 없잖아. 그런데 왜 그 말을 진지하게 하는 건데? 지금보다 더 놀겠다고?"

아들은 슬쩍 엄마 눈치를 한 번 보더니 대답했다.

"나도…… 춤 배우면 안 될까?"

"뭐, 춤?"

"지금 나는 나이가 안 돼서 클럽도 못 가잖아. 스포츠센터에서라도 배우고 싶어. 친구 엄마가 강사로 있거든."

"그거 좋은 생각이다. 매일 집에서 빈둥거리는 것보다는 낫지. 당장 시작해라."

"역시! 우리 엄마는 최고야. 고맙습니다, 어머니."

정말 기분 좋으면 한 번 나오는 존댓말 인사까지 깍듯이 하다니. 엄마가 혹시 반대하면 어쩌나 장황하게 말문을 연 보람도 없이 너무 쉽게 허락하자 뜻밖이라는 반응이었다. 엄마 아빠가 신나게 놀아 보지 못한 한이 있어서 그런지 잘 노는 것에 관해서라면 언제나 찬성이다.

아이는 지금 11학년인데 탁구는 이 지역 청소년 대표 팀에서 뛰고 있고 11학년부터는 기타에 빠져 학교만 다녀오면 뚱땅거린다. 이제 춤도 배운다고 한다. 그렇다고 공부를 못하는 부류에 드는 것도 아니다. 어릴 때 워낙 한국식으로 훈련을 잘 들여놔서 지금도 항상 선두를 놓치지 않는다. 완전 독일식으로 공부시킨 작은아이가 느려서 속이 좀 터지는 것과 비교하면 큰아이는 공부에 대해서는 단 한 번도 걱정해본 일이 없다. 자랑이 심한 것 같지만 11학년에서 노는 학생은 문제아가 아니라 평범한 아이라는 것을 강조하려다 보니 그렇게 되었다.

12학년 가서 정말 열심히 할지 어떨지는 두고 볼 일이지만 현재는 공부보다 취미 활동과 자신이 하고 싶은 일에 매달리고 있다. 나도 이제는 아이들을 여기 방식대로 내버려 두는 편이고 큰아이도 공부든 취미 생활이든 스스로 결정하고 알아서 할 나이가 되었기 때문에 엄마의 영역 밖에 있다. 그래도 아이가 굳이 내게 물어보는 것은 혼자 이동하려면 엄마의 차가 필요해서다.

한국에서 공부 좀 한다는 학생들에게는 정말 이상한 나라의 이야기로 들릴지도 모르겠다. 나도 처음에는 적응하기가 쉽지 않았다. 그런데 여기에서는 진학 지도 선생님의 말처럼 11학년에 놀기만 하다가 12학년에 올라가서 무섭게 집중하는 아이도 더러 있다. 그 이유는 놀다 보니 공부도 좀 해야겠기에, 혹은 대학 가서 하고 싶은 전공이 생겼기 때문이다.

수능시험 일주일 전에
축제라니

아비투어(수능시험)가 치러지기 일주일 전인 중요한 시기에 큰아이 담임선생님과 약속이 있어서 학교에 갔다. 아무리 학교생활을 여유롭게 하는 독일 아이라 할지라도 12학년이나 13학년 때는 나름대로 공부에 대한 스트레스가 적지 않다고 들었다. 그래서 '이때쯤이면 책상에 머리를 들이박고 있겠지'라고 생각하며 교문을 들어섰다.

그런데 이게 웬일인가. 학교는 난리 법석이었다. 건물의 중앙에 자리한 큰 홀에는 번쩍이는 사이키 조명에 가지각색으로 분장한 아이들이 고래고래 소리를 지르며 정신없이 춤 삼매경에 빠져 있었고, 마찬가지로 화려하게 차려입은 선생님들도 아이들과 어울려 하하호호 춤추고 떠들고 난리가 아니었다.

너무 놀란 나머지 큰아이 담임선생님을 만나자마자 다짜고짜 '이게 무슨 일이냐?'라고 물었다. 그랬더니 이날이 13학년 아이들이 아비투어를 일주일 앞두고 스트레스를 풀기 위해 거나하게 한바탕 노는 날이라는 것이다. 아비투어 축제는 이 학교만의 전통이라고 했다. 아이들이 자발적으로 설치한 무대 장식과 조명을 보니 하루이틀 준비한 게 아닌 듯했다. 일주일 내내 매일 다르게 분장하고 등교하는 아이도 있단다. 파티 준비 기간까지 합치면 축제의 분위기는 사실상 일주일 전부터 이어졌던 것 같다.

선생님 말로는 예전에는 꼬박 일주일을 이렇게 놀았는데 너무 심한 것 아니냐는 의견들이 많아 지금은 하루만 허락한다고 했다. 이날은 학생들에게 완전한 자유를 선사하기 위해 학교의 모든 열쇠를 13학년 학생에게 주고 마음대로 시설을 사용하게 한다.

중요한 시험을 앞두고 이런 여유가 있다는 것이 놀랍다는 이야기를 하다 보니 자연스럽게 한국 학생들의 이야기가 나왔다. 한국에서는 수능 일주일 전에는 숨도 제대로 못쉬고 공부해야 한다는 말을 꺼냈다. 선생님도 그 모습을 독일 텔레비전으로 한 번 보았다며 '거기도 너무하지만 여기도 좀 너무하죠?'라며 웃었다.

말을 하다 보니 가슴 한구석이 참 많이 허허로웠다. 우리는 왜 그래왔는지, 지금까지도 왜 그래야만 하는지. 가장 아름다운 10대 후반 꽃다운 나이, 청춘이라는 이름 하나면 무슨 짓을 해도 용서받을 수 있을 것 같은 그 좋은 시절에 말이다.

그러나 큰 시험을 앞두고 이렇게 풀어져서 놀고 있는 이 아이들도 그렇고, 1년 365일 숨도 한 번 크게 쉬지 못하고 늘 긴장하며 살아야 하는 한국 아이들도 그렇고 모두 다 적지 않은 문제를 안고 있다는 생각이 들기는 했다.

독일 도서관은
아이들 놀이터

큰아이가 세 살이 되던 해였으니 올해가 꼭 12년째다. 우리가 시립 도서관을 다니기 시작한 것은 뮌스터에서부터였다. 그때는 독일에 막 와서 아이를 위한 동화책이라고는 한 권도 없었고 어려운 유학생 살림에 한꺼번에 많은 책을 사는 일도 결코 쉽지 않았다. 그래서 궁여지책으로 고안해낸 해결책이 도서관이었다.

한국에서 학교에 다니는 동안 내가 아는 도서관은 공부만을 위한 곳이었다. 대학 졸업논문 때문에 남산도서관에서 관련 서적을 몇 권 빌렸던 기억이 나기는 하지만 '도서관 간다'라는 말은 '공부하러 간다'라는 말과 일맥상통했다. 내가 독일에 올 때도 사람들의 인식은 별반 달라진 것이 없었다. 그 때문인지 이곳에서 처음 도서관을 찾을 때도 큰 기대를 하지 않았다. 그저 독일에는 어떤 동화책이 있는지 대충 훑어보기 위해 방문한 것뿐이었다.

그러나 어린이 코너에 예쁘게 꾸며진 공간은 방문 첫날부터 우리 아이를 신나게 했다. 색연필과 도화지, 책상, 장난감, 놀이 시설 등이 소박하지만 다양하게 갖추어져 있었고 알록달록한 덮개를 씌운 소파와 함께 카펫 위로 총천연색 방석이 여기저기 흩어져 있었다. 도서관이라면 딱딱한 책장에 빼곡하게 들어찬 책과 질서정연하게 놓인 책상만 생각했던 내게 뮌스터 시립도서관은 뭔가 다른 분위기를 풍겼다.

마음껏 뒹굴면서 책장을 넘길 수 있는 분위기는 아이가 자연스럽게 책과 가까워지도록 하는 것 같아 내 마음에 쏙 들었다. 당시 세 살이던 큰아이는 처음에는 장난감과 놀이 시설에만 정신이 팔려 좋아하더니 차츰 책도 들추기 시작했다. 내가 다른 일을 하는 동안에도 아이 스스로 놀고 읽고 하니 나를 위해서도 그곳은 좋은 휴식 공간이었다. 단 한 번의 방문으로 아이에게 도서관은 놀이터가 된 것이다. 게다가 이용증만 만들면 대출도 무료였으니 책값조차 절약해야 했던 내게는 가뭄에 단비처럼 반가운 곳이었다.

처음에는 책도 책이었지만 그곳에서 놀기를 좋아하는 아이를 위해 거의 매일 드나들었다. 그때마다 빌려오곤 했던 한두 권의 동화책은 독일어에 익숙해지면서 점점 늘어났고 이제는 두 녀석과 함께 다니다 보니 한 번에 20권이 넘는 책을 대출하기도 한다. 지금은 시내와 좀 떨어진 곳에 살기 때문에 거리가 만만치 않지만 그래도 잊지 않고 자주 드나든다. 덕분에 큰아이는 돈 들이지 않고도 엄청나게 많은 동화책을 읽었다. 아마 도서관 어린이 코너에 꽂혀 있는 책은 거의 다 섭렵하다시피 했을 것이다. 그러다 보니 아이를 둘이나 키우지만 우리 집에는 동화책이 별로 없다.

읽기 위한 책뿐만 아니라 큰아이는 학교에서 필요한 참고서와 문제집도 모두 도서관에서 대출해서 보고 있다. 지금까지 중요한 참고서 한두 권 산 것을 제외하면 모두 빌려서 공부했다. 사교육비를 한 푼도 들이지 않으면서 책까지 빌려 쓰니 아이들을 너무 공짜로 키우는 것 같아 미안한 생각까지 들 정도다.

서당개 삼 년이면 풍월을 읊는다고 작은아이도 아기 때부터 따라다니다 보니 이제 책을 보는 안목이 제법 늘었다. 처음에는 따라와서 신나게 놀기만 했는데 초등학교에 들어가면서 조금씩 관심을 갖기 시작했다. 좋은 책을 선별해 주던 큰아이 때와는 달리 작은아이는 스스로 선택하게 했다. 나도 독일 분위기에 제법 익숙해진 덕분인지 작은아이에게는 '자율적으로 독립적으로'를 내세우며 될 수 있으면 관여하지 않으려고 한다. 스스로 책을 고르는 일은 표지에 '3학년용, 4학년용'으로 수준이 표시되어 있기 때문에 어려운 일이 아니다.

둘째 아이는 1학년 때는 표지 그림을 보고 재미있어 보이는 1학년용 동화책을 고르더니 2학년이 되자 머리를 쓰기 시작했다. 내용도 들춰보는 것이다. 책장을 뒤적이며 고르는 모습을 슬쩍 훔쳐보고는 제법이라는 생각에 어찌나 뿌듯했던지. 그런데 알고 보니 내용을 읽은 것이 아니라 글씨가 얼마나 많은지를 따져본 것이었다. 글이 너무 꽉 찬 책은 읽기가 부담스러웠던 모양이다. 어이는 없었지만 그것도 익숙해지는 과정이니 마음대로 하라고 내버려 두었다.

도서관은 찾아오는 사람들만을 기다리지 않는다. 거리가 먼 곳은 버스가 일주일에 한 번씩 동네를 방문해서 이동도서관을 열기 때문에 시간에 쫓기는 날에는 굳이 시내로 나가지 않아도 책을 반납하고 빌리는 일을 어렵지 않게 해결할 수 있다. 이렇게 요긴한 시립도서관이 없었다면 지금까지 얼마나 많은 돈을 써야 했을까? 가끔은 횡재한 것 같아 기분이 좋아진다. 도서관이 제 구실만 해도 많은 사람이 적지 않은 이익을 볼 수 있다는 것을 새삼 깨달았다.

한국도 요즘 도서관이 활성화되어 이용하는 사람이 점점 많아지고 있고 예전의 수동적인 모습에서도 벗어나는 중이라는 반가운 소식을 들었다. 그 말을 들으니 우리나라도 이제 제도와 시설은 어느 정도 갖추어졌다는 생각이 든다. 남은 것은 독일처럼 일상생활 속에 얼마나 익숙하게 자리 잡을 것인가다.

독일 아이들은
코피를 왜 흘릴까?

큰아이는 10학년 때 케임브리지 인증 시험을 보기 위해 영어 공부를 하느라 태어나서 처음으로 일주일 정도를 밤 12시까지 잠을 줄여본 적이 있다. 그때까지 녀석은 한국식으로 생각하면 공부한 경험이 없는, 아니 12시 이후에 자본 적도 없는 '뻔뻔한' 학생이었다.

영국식 영어를 쓰는 독일은 토플이나 토익보다는 케임브리지 인증 시험이 더 인정받는데 우리나라처럼 뜨거운 열기는 없지만 그래도 많은 학생이 도전한다. 영어 외국어고등학교에 다니는 장점 가운데 하나는 바로 이 시험 준비를 학교에서 무료로 시켜준다는 것이다. 그런데 시험 준비를 시작한 지 6개월이 지났지만 학교 수업만 참여하고 설렁설렁 노는 것 같았다. 그러더니 마지막에 갑자기 급해졌던지 인터넷에 나와 있는 기출 문제를 끌어안고 씨름을 했다.

한 일주일 정도 하루 열 시간 정도를 꼼작 않고 공부다운 공부를 하더니, 아니나 다를까 안 하던 짓을 하려니 몸이 따라주지 않았던 모양이다. 학교 수업시간에 코피까지 흘리고 말았다. 코피를 처음 흘려본 녀석은 얼굴이 노래져서 화장실로 달려가 거울을 들여다 보면서 '이러다 죽는 건 아닌가' 하고 겁이 잔뜩 나면서 눈물이 핑 돌더란다. 간신히 진정하고 다시 교실 문을 열고 들어서니 모두 한마디씩 했다고 한다.

　"야! 콧구멍 좀 그만 파라."

　"콧구멍 파는 데도 테크닉이 필요하다는 것 몰랐어?"

　"손톱을 짧게 깎고 다녔어야지."

　코피 때문에 아이들에게 놀림 당했다는 말을 듣고는 공부 좀 적당히 하라거나 공부가 인생의 전부냐 하는 말들을 떠올렸던 나는 좀 황당했다.

　"코피가 나는 이유가 코딱지밖에 없어? 공부를 너무 많이 해서 피곤한 거라고 하지 왜!"

　"아무도 안 믿어. 나도 창피해서 그렇게 말했더니 웃기는 소리 하지 말래."

　"하긴 공부하다가 코피 흘리는 녀석이 없을 테니 누가 믿겠니."

　"엄마, 아무래도 내가 공부를 너무 많이 했나 봐. 앞으로 다시는 안 그래야지. 이러다 죽기라도 하면 어떻게 해."

　"뭐! 죽어? 야! 이 엄마는 고 삼 때 사흘이 멀다 하고 코피 쏟아 가며 공부했어. 그래도 이렇게 멀쩡하게 살아 있어."

　"아니야, 아무리 생각해도 내가 너무한 것 같아. 앞으론 절대 그렇게 하지 말아야지."

"웬 시키지도 않은 반성까지?"

큰 실수라도 한 듯 잘못을 뉘우치는 녀석을 보면서 어이가 없었다. 시키지도 않았는데 스스로 몰입하는 것을 보자 무리하는 거 아니냐며 걱정하는 척 했지만 은근히 대견했던 것은 사실이다. 처음으로 학생다운 모습을 본 것 같아 기분이 꽤 좋았는데 이제 그것도 마지막이라니. 이 한국 엄마 내심 섭섭해진 것을 우리 아들은 알기나 할는지.

전 과목 다
잘할 필요는 없어

"네가 정말 싫다면 적당히 해, 전 과목 모두 잘할 필요는 없잖아."

아이는 학년이 올라갈수록 확연히 적성이 드러나면서 수학과 과학은 더 좋아하는 반면 사회 과목에서는 심한 스트레스를 받아서, 보다 못한 내가 한마디 해주었다. 심각하게 생각하고 한 말은 아니었지만 독일 부모들의 여유를 흉내라도 내보고 싶은 마음에 툭 내던진 말이었다. 처음으로 엄마 입에서 공부를 대충 하라는 말을 들은 아이의 눈빛은 반짝거렸다. 그리고 바로 되물었다.

"정말! 정말 그래도 되는 거야?"

"독일 아이들은 그런다며."

"응, 독일 애들은 하기 싫은 공부는 전혀 안 해. 내 친구도 영어는 일 점만 받으면서 수학은 항상 사 점 아니면 오 점이야."

"그럼 걔네 부모는 가만히 있어?"

"당연히 혼나지. 그래도 자기가 싫으면 안 해."

"그래? 그럼 너도 그렇게 해봐. 네가 정말 싫으면 수업시간에는 성실히 하되 너무 스트레스 받으면서 억지로 하지는 마."

이런 대화가 오간 지 정확히 한 달 후에 이 녀석이 철학을 5점 받았다고 성적표를 들고 와서는 당당하게 내밀었다. 우리식으로 따지자면 '수우미양가' 중 '가'를 받았다는 소린데. 머리에 김이 모락모락 나는 것 같았지만 이미 한 말이 있으니 소리 한 번 지르지 못하고 한동안 머리를 식혀야만 했다.

'아무리 싫어하는 과목이라도 그렇지 말이 떨어지기가 무섭게 5점이 뭐야! 저걸 확! 했던 말 취소해 말아!' 잠시 말문이 막혔던 나는 속으로만 웅얼거리며 화를 삼켰다. 그래도 모처럼 아들에게 '쿨'하게 보였을 엄마의 멋진 모습을 망가뜨리고 싶지 않아 조금 더 인내의 끈을 조이며 목소리를 누그러뜨리고 입을 열었다.

"그래도 그렇지, 오 점은 너무한 거 아니니? 최소한 사 점은 받아야지. 철학이 그렇게 싫었어?"

"엄마, 이 정도 가지고 지금 너무 놀라지 마. 좀 더 기다리면 몇 개 더 있을지도 몰라."

이게 웬 자다가 봉창 두드리는 소린가!

"뭐! 뭐야? 너 지금 장난하는 거야? 공부가 장난인 줄 알아?"

조이고 또 조이던 끈이 마침내 툭 끊어지는 소리가 들렸다.

"장난이 아니야. 철학, 정치, 사회, 난 이런 건 죽기보다 싫어."

"죽기보다 싫어? 그러니까 먹고 자는 것만 밝히지 말고 생각 좀 하고 살아, 생각! 그렇게 늘 배가 부르니 어떻게 철학을 잘하겠니? 배부른 돼지보다 가난한 소크라테스가 되라는 말도 몰라!"

"엄마, 난 배부른 돼지가 더 좋아. 배고프면 생각이 더 안 나."

싸움으로 시작했던 대화가 웃음이 터져 나와 말을 이어나갈 수 없었다. 심각한 상황에 웃긴 이야기를 해서 주제를 흐려놓는 것이 이 녀석의 술수라는 것을 잘 알면서도 매번 말려든다. 그러나 그 짧은 순간에도 많은 생각이 지나갔다. 아무리 느슨한 독일 학교라지만 10학년이 되니 점점 해야 할 공부는 많아지고 세미나다 실습 보고서다 허구한 날 컴퓨터를 끌어안고 살아야 하는 마당에 죽기보다 싫다는데 어떻게 하겠는가. 며칠이 지나고 우리는 적당한 선에서 타협하기로 했다.

"사회 과목이 그렇게 싫다면 수업시간만이라도 잘 듣고, 숙제 는 성의껏 한다고 약속하자. 그럼 오 점은 면할 수 있겠지. 안 그래?"

"앞으로 오 점까지는 받지 않도록 노력할게."

이렇게나마 생각을 정리한다는 것도 결코 쉽지 않았다. 공부라면 무조건 열심히 해야 한다는 내 뿌리 깊은 고정관념을 허무는 일도 두려웠고 '만능박사 만들자'는 것도 아닌데 지금 내가 아이에게 뭐하자는 건가'라는 의문도 들었다. 선심 쓰듯 싫으면 대충하라고 여유를 부렸지만 속을 들여다보면 사실 독일 아이들과 같은 여유를 허락한 것은 결코 아니었다. 중요한 과목은 아이가 포기한다는 생각조차 못하도록 은근한 강요와 압박을 가했다. 그러나 독일 학생은 좋아하고 싫어하는 차이를 현격하게 드러낸다. 우리처럼 우등생이라면 전 과목 모두 우수한 것이 아니라 싫어하면 낙제를 받기도 하고 좋아하는 과목만 최고점을 기록하는 경우가 많다.

이렇게 저학년 때부터 뚜렷하게 적성이 드러나는 것은 다양성을 인정하는 입시제도 때문이다. 내가 가장 부러워하는 독일 교육의 장점 중의 하나가 바로 아비투어 시스템이다.

'만일 수학이 없었다면 아마 내 인생이 조금은 변해 있지 않았을까.' 고등학교를 졸업한 지 수십 년이 지났지만 지금도 가끔 떠오르는 아쉬움이다. 학교 때는 왜 그렇게 수학이 싫었던지, 싫어하다 보니 당연히 점수도 잘 나올 리 없었고 입시를 준비하는 내내 발목을 잡아끄는 족쇄처럼 나를 괴롭혔다.

왜 내가 그토록 어려운 수학을 끝까지 해야 했는지 생각하면 생각할수록 억울했다. 대학도 문과에 입학해서 더 이상 계산할 일도 없었고 직장 생활 역시 글만 잘 쓰면 먹고살 수 있었다. 또 결혼해서 살림하다 보니 계산이라고는 더하기, 빼기에 조금 더 나아가 곱하기, 나누기 정도밖에 써먹을 일이 없었다. 그런데 왜 그렇게 스트레스를 안고 학창 시절을 보내야 했는지 지금도 이해할 수 없다. 곰곰이 생각해 보면 살면서 수학 때문에 더러 도움이 되는 일이 있기도 했다. 피타고라스의 정리를 열심히 외운 덕에 질러가는 길 하나는 제대로 찾을 수 있었기 때문이다. 그것도 너무 질러가려다 일방통행 길을 거꾸로 달려 욕만 잔뜩 먹고 되돌아 나와야 해서 문제였지만 말이다.

독일 입시는 중요 과목일지라도 필기시험에서 제외할 수 있을 뿐만 아니라 개인의 재량으로 선택 가능한 폭도 우리보다 넓고 다양하다. 12학년부터 13학년, 2년 동안의 내신 성적이 입시에 반영되지만 그것도 아홉 과목뿐이고 선택의 폭도 넓다. 물론 수학, 영어, 독일어 정도는 반드시 내신 과목에 포함되는데 점수 비중이 가장 높은 필기시험은 언어 영역, 자연과학, 사회 분야를 포함해서 네 과목만 선택하면 된다. 그러니 만일 수학을 못한다면 수학, 물리, 화학, 생물 중 하나를 택할 수 있고 언어 영역에서도 독일어, 영어, 불어 등 제2외국어를 포함한 다양한 언어 중에 하나만 공부하면 된다. 아비투어에 내신이 반영되더라도 사실상 필기시험으로 선택한 네 과목만 열심히 하면 대학가는 데는 아무런 문제가 없다.

이 기준은 우리가 사는 노드라인베스트팔렌 지역에 적용된 것이다. 독일은 주마다 각기 다른 입시 제도를 도입하고 있다. 하지만 차이가 약간 존재할 뿐 개인의 선택권을 존중한다는 점은 거의 비슷하다.

아비투어는 아이들이 자연스럽게 스스로 좋아하는 분야에 집중하도록 유도한다. 그러다 보니 중고등학교에서부터 이미 개인의 개성을 존중하고 학문의 우열을 나누지 않는, 열린 사고가 자연스럽게 자라난다. 싫어하는 과목이라고 게을리했다가는 실패할 수밖에 없는 한국식 만능박사 만들기 입시, 이제 연구 좀 해봐야 한다.

외국어를 배우려면
아헨으로

'다양한 외국어를 어릴 때부터 자연스럽게 배우게 하려면 아헨으로 이사 오라!' 이 말은 도시의 부흥을 꿈꾸는 아헨 시장의 주장이 아니라 바로 내 말이다. 우리 가족이 사는 아헨이라는 도시는 벨기에, 네덜란드, 독일이 만나는 삼각 지점에 있다. 여러 나라의 다양한 문화가 공존하는 이 도시에서의 삶은 나라의 구분이 뚜렷하지 않다. 가난한 유학생 시절 돈이 없어 제대로 여행 한 번 못했지만 한국 친구들이 유럽에서 어디어디 가봤느냐고 물으면 벨기에, 네덜란드 정도는 자신있게 말했다. 두 나라 모두 자동차로 5분 거리에 있기 때문이다. 프랑스도 서너 시간이면 다녀올 수 있다.

나는 매주 장을 보러 이 나라 저 나라를 돌아다닌다. 국경이 어딘지도 모를 정도로 바로 옆 동네이기는 하지만 먹을거리 문화는 약간씩 다르기 때문에 독일에서는 구하기 힘든 식재료도 그곳에는 있다. 특히 생선이나 조개 같은 해산물과 과일은 네덜란드가 싸면서 풍부하고, 벨기에도 독일에서 구하기 힘든 몇 가지를 살 수 있다.

이렇게 마음만 먹으면 쉽게 국경을 넘나들 수 있는 이 도시는 독일에 있지만 지리적인 여건 때문에 프랑스어, 독일어, 영어, 네덜란드어를 사용하는 사람들이 뒤섞여 산다. 초등학교 4년 동안은 벨기에에서 불어로 수업을 받다가 독일의 영어 김나지움에 입학하는 학생도 있고 초등학교에서 독일어와 불어를 동시에 배우는 아이도 있다.

독일인 아버지와 프랑스인 어머니 사이에서 태어난 우리 아이 친구는 독일에 있는 외국어 김나지움에 다니면서 절반은 영어로 절반은 독일어로 수업을 하고 집에 가면 엄마와 불어로, 아빠와 독일어로 이야기한다. 가끔은 그 녀석의 머리가 얼마나 복잡할까 궁금해진다.

또 한 친구는 네덜란드 어머니와 터키 아버지 사이에서 태어났으나 불행하게도 부모는 이혼했고 지금은 엄마와 함께 살면서 주말이면 아빠 집에서 지낸다. 신기한 것은 공부는 반에서 꼴찌인 녀석이 이미 5개 국어를 유창하게 구사한다는 것이다. 독일어와 영어는 기본이고 터키어, 네덜란드어, 스페인어까지. 스페인 태생의 새아버지 덕에 여름 방학마다 6주 동안 스페인에 머물면서 배운 실력이 만만치 않다. 아버지의 여자 친구는 벨기에 사람이다. 때문에 주말에는 또 불어를 해야 한다. 바람둥이 제 아빠를 닮아 녀석 또한 학교에서 여자 친구가 많기로 유명하다. 훤칠한 외모에 5개 국어를 자유자재로 구사하니 어떤 여자가 넘어가지 않겠나. 여하튼 날마다 바뀌는 여자 친구 이야기는 반 아이들에게 단연코 1등 화젯거리라고 한다.

이처럼 우리 아들 반에는 두 개 이상의 언어를 모국어처럼 사용하는 아이가 절반을 넘는다. 우리 아이만 해도 한국어와 독일어는 물론이고 어디에 내놔도 손색없는 유창한 영어 실력을 자랑한다.

하지만 여기 아이들은 여러 언어를 자유자재로 구사한다는 것을 대단한 장점으로 여기지 않는다. 그저 자연스러운 생활의 일부분일 뿐이다. 하긴 외국어를 배우기 위해 밤잠을 설치는 노력을 해본 적이 없으니 그 귀중함을 어찌 알겠는가. 그 사실을 대단하게 생각하며 부러워하는 사람은 나밖에 없는 것 같다.

우리 아이는 학교에서 정식으로 불어를 배운 적이 없다. 그런데 불어를 하는 친구들과 어울려 다니다 보니 귀동냥으로 주워들은 단어 실력으로 제법 그럴싸한 프랑스어를 구사한다. 기초도 배우지 않았고 틀리는지 맞는지도 모르지만 어쨌든 유창하게 떠들어대는 것을 보면 참 신기하다. 딱딱한 독일 말을 하다가도 프랑스어 특유의 콧소리가 어찌나 거침없이 나오는지. 10년 동안 독일어 하나만 가지고도 버거워하는 우리 부부는 그저 부러울 따름이다.

네덜란드어도 그렇다. 네덜란드어는 독일어와 영어, 네덜란드 고유의 단어를 섞어 놓은 것 같은 언어다. 특히 아헨 사투리와 아주 비슷해서 독일어에 억양과 몇 가지 특징적인 발음만 흉내 내면 영락없는 네덜란드 말처럼 들린다. 정식으로 배우지 않아도 아이들은 자연스럽게 흉내를 내면서 우리가 사투리를 배우듯이 아주 쉽게 다른 언어에도 접근한다. 마치 서울사람이 경상도 사투리를 재미있게 듣는 것처럼 아이가 네덜란드어를 흉내 내면 우리 가족은 깔깔거리며 시간가는 줄 모르고 빠져든다.

이렇게 아이들이 새로운 언어에 익숙해지는 과정을 보면 어렸을 때 자연스럽게 외국어를 체험하는 일이 다 커서 받는 백 번의 교육보다 중요하다는 사실을 다시 한 번 확인하게 된다. 다양한 문화와 언어를 경험할 수 있는 환경이야말로 국제화 시대를 살아야 하는 아이들에게 우리 부부가 돈 들이지 않고 물려준 가장 큰 유산이지 않을까 싶다.

어머니의 원숭이 사랑이
자녀를 망친다

아이들이 자랄수록 자식 키우는 일이 결코 만만한 일이 아니라는 것을 느끼곤 한다. 배불리 먹이고 따뜻하게 입히기만 하는 거라면 그리 어렵지 않을 것이다. 그것이 다가 아니기 때문에 항상 문제다. 세상에서 가장 불행한 인간은 메마른 어머니에게서 자라난 사람이다. 이다음에 성인이 되어 어린 시절 어머니를 기억했을 때 애틋한 희생과 따뜻한 사랑이 떠오르지 않는다면 그는 얼마나 빈 가슴을 안고 살아야 할까? 이렇듯 자식은 어머니의 희생과 사랑을 먹고 사는 동물이다.

하지만 세상에는 자신은 아이에게 넘치는 사랑을 주고 있다고 생각하지만 그 사랑이 잘못되어 자식을 병들게 하고 미래를 망치는 경우도 있다. 어리석고 완벽하지 못한 것이 인간이기 때문에 누구나 범할 수 있는 잘못이다. 스테판 선생님께 45년 교사 생활 중에 경험한 잘못된 자식 교육의 사례를 들으니 더욱 그 위험성이 남의 일처럼 여겨지지 않았다.

부모의 잘못된 교육으로 학교에서 문제아가 된 예를 들려 달라고 하자 선생님은 곧바로 "아펜리베!"라고 말씀하셨다. 이는 '원숭이 사랑'이라는 뜻으로 항상 새끼를 등에 둘러메고 다니면서 이 잡아주고 털 핥아주는 원숭이와 같은 자식 사랑을 말한다. 아무 곳에도 가지 못하도록 품안에만 넣어 두고 좌지우지하는 부모의 잘못된 사랑을 표현한 말이다. 스테판 선생님에게 들은 '아펜리베' 이야기는 부모라는 이름을 가진 모든 사람이 새겨들어야 하는 진지한 충고였다.

"자립심을 키워 주는 일은 자식 교육 중에서도 아주 중요한 부분입니다. 자식을 독립적 인간이 아닌 부모에게 의지한 삶을 살게 하는 잘못된 교육은 바로 원숭이 사랑에서 시작됩니다. 원숭이 사랑은 언젠가는 그 부작용이 나타납니다. 치밀하게 한 원숭이 사랑은 뒤늦게 발견되고 엉성하게 내리부은 원숭이 사랑은 일찌감치 부정적인 결과가 나타나게 마련이지요.

성적을 예로 들면, 김나지움 첫 학년인 오륙 학년에 가서 갑자기 학교 성적이 급격하게 떨어지는 아이가 있습니다. 그런 부모들과 상담을 하면 초등학교 때는 항상 반에서 손꼽힐 정도로 잘하던 아이가 왜 이렇게 되었는지 모르겠다면서 은근히 '교사의 수업 방법에 문제가 있는 것은 아니냐'라고 불만 섞인 뉘앙스로 이야기합니다. 그런데 좀 더 자세히 들어보면 대부분 초등학교 때 숙제부터 시험까지 세심하게 관여했던 부모들입니다. 정작 공부하는 당사자인 아이는 스스로 해결하려는 노력을 전혀 할 필요가 없을 정도로 엄마가 알아서 해준 것이지요.

그러다 김나지움에 들어가면 아이들은 점점 자의식이 싹터 엄마가 하라는 대로 하지 않으려 하고 엄마도 더 이상 아이 공부를 봐주기가 버거운 경우가 많지요. 이미 엄마 없이는 아무것도 못하는 아이는 점점 공부가 힘들어지고 마침내 완전히 흥미를 잃고 구제불능이 되는 것입니다.

다른 경우는 좀 배웠다는 중산층 이상의 부모입니다. 똑같은 원숭이 사랑이라도 더 지능적이지요. 이 경우에는 김나지움 저학년 동안에는 초등학교의 성적을 이어나갈 수도 있습니다. 그러나 사춘기에 접어들면 바로 드러납니다. 머리는 자유를 원하지만 부모의 도움에 길들여져 어떻게 자유와 책임을 적절히 조화를 이룰지 방법을 모르는 것이지요. 두 경우 모두 심각하기는 마찬가지입니다.

부모, 특히 그 중에서도 자식에게 엄마의 역할은 인생에서 가장 중요합니다. '없느니만 못한 부모'라는 말이 있습니다. 차라리 고아라면 스스로 갈 길을 찾고 독립적으로 클 것입니다. 그런데 뒤에서 떡 버티고 자신이 시키는 것 이외에 아무것도 할 수 없게 만드는 어머니는 끝내 아이의 미래를 망치고 맙니다.

어떤 어머니는 초등학교 때 아이의 친구 관계까지 관여하는 경우도 있습니다. 모범적인 집안의 아이들과 친분을 맺게 하려고 하지요. 아이의 감정에는 관심도 없이 그것만이 자기 자식의 미래를 위해 옳은 방법이라고 믿고 의심하지 않는 것입니다. 가장 어리석은 부모지요. 이렇게 자란 사람은 후에 성인이 되어도 자립하기 힘들어합니다. 툭하면 부모에게 손 벌리고 배우자에게 의지하려 하고 결국은 주변 사람을 모두 불행하게 만듭니다. 짧지 않은 세월 교사 생활을 하면서 원숭이 사랑을 쏟아부은 부모의 자식이 잘되는 경우를 나는 본 적이 없습니다. 사랑이 영혼을 살찌우는 자양분이 아니라 독이 된 것이지요.

부모는 자식의 할 일을 하나하나 챙겨주며 이리 가라 저리 가라 방향까지 정해주는 역할이 아니라 도움이 필요할 때 언제든지 곁에 있다는 믿음을 주는 거리에 서 있는 것이 가장 좋습니다. 놀이터에서 정신없이 놀던 아이가 친구들이 모두 돌아가고 어스름 해가 지면 슬며시 집이 그립고 어머니가 생각나듯이 어머니는 그런 존재여야 합니다. 놀이터를 점령하고 친구들까지 줄을 세우는 어머니가 되어서는 안 되지요."

독일에서
학부모로
산다는 것은

4

촌지 없는 독일 학교

한국 학교의 촌지는 세계 어디를 가나 심심풀이로 오르내리는 교육계의 안줏감인 모양이다. 독일에서도 한국의 은밀한 촌지 문화를 잘 알고 있을 정도다.

독일에서 아이를 학교에 보내는 동안 선생님을 위한 선물이라고는 생일 선물을 준비하는 학부모 대표에게 1년에 1유로(약 1,500원)를 낸 것이 전부였다. 처음에는 이곳 분위기를 제대로 파악하지 못하고 실수를 한 적도 있었다. 큰아이가 초등학교 2학년 때 일이다. 선생님 생일이라고 한국 돈으로 만 원 정도하는 초콜릿 한 상자를 사서 아이 편에 보냈다. 그런데 아이가 와서 하는 말이 선생님께서 너무 놀라시며, 이건 너무 비싼 선물이니 앞으로는 절대 그러지 말라는 말을 어머님께 전해 달라고 하셨단다.

며칠 후 학부모 면담 시간에 따끔한 훈계를 들었다. 물론 모든 선생님이 이 정도의 선물에 민감한 반응을 보이는 것은 아니다. 별 생각 없이 기쁘게 받는 사람도 있지만 당시 큰아이 선생님은 우리나라의 촌지 문화에 대해 너무나 잘 알던 분이었고 직접 경험도 해본 터라 미리 쐐기를 박아두기 위해서 그랬던 것 같다.

정년퇴임을 앞두고 있었던 선생님은 20여 년 전에 어느 한국 엄마에게서 돈봉투 받은 일을 그때까지 기억하고 있었다. 처음에 무엇인지도 모르고 봉투를 받아든 선생님은 학부모 앞에서 직접 열어 보고는 '무슨 돈이냐?'라고 물었고, 학부모에게서 '선물'이란 말을 듣고는 놀라움을 금할 수 없었다고 했다. 그때 처음으로 한국이라는 나라에 관심을 가지게 되었고 한국 학교에 존재하는 촌지에 관한 이야기도 들었던 것이다.

선생님은 '독일 학교의 교사들은 일한 만큼 충분한 보수를 받고 있으니 내가 당신의 아이를 가르치는 것에 대한 감사의 마음을 돈을 들여서 하려고 하지 말라'라며 '정 하고 싶으면 아이들이 정성들여 만든 카드 한 장이면 충분하다' 하고 덧붙였다.

큰 아이 선생님 말을 듣고 보니 내가 초등학교 6학년 때의 일이 생각났다. 나는 선생님에게 환영받지 못하는 반장이었다. 선생님은 엄마가 학교를 뻔질나게 드나들던 여학생에게 반장 자리를 주고 싶어 했지만 속내를 알아차린 반 아이들은 보란 듯이 나를 뽑았다. 그때부터 나는 선생님의 분풀이 대상이 되어야 했다. 임원이 되면 으레 해야 하는 돈봉투 인사치레를 몰랐던 눈치 없는 엄마 때문에 나의 마지막 초등학교 생활은 눈물로 얼룩지고 말았다. 밝고 명랑했던 성격도 자신 없고 열등감 많은 성격으로 변했다.

지금 생각해 보면 그때 나는 이미 인생의 지난을 알아버린 것 같다. 아무 생각 없이 뛰어놀 나이에 화장실에서 남 몰래 훌쩍이곤 했으니. 그때 일은 아직도 내게 잊히지 않는 아픈 기억으로 남아 있다. 그 때문인지 나는 어른이 되어서도 교사란 직업을 천박하게 여겼다. 아들의 선생님에게 훈계를 듣고 돌아오던 날, 어린 내게 굴곡진 어른들의 세계를 적나라하게 보여 주었던 담임교사를 다시 떠올렸다. 그날은 온종일 그때 받은 상처가 다시 곪아오는 것처럼 가슴이 따끔거렸다.

아이 둘을 교육시키는 동안 학교에서는 단 한 번도 부모의 직업과 학력을 물어보지 않았다. 독일 학교에서 아이들은 그 자체가 하나의 인격체로 이해받을 뿐 학교 밖에서 그의 환경은 별개로 취급된다. 선생님은 자신이 지도하는 학생의 부모가 누구인지 돈이 얼마나 있는 지 무엇을 하는지 전혀 관심 없다.

우리는 촌지가 문제라고 하면서도 그 행위에 그리 큰 의미를 부여하지는 않았던 것 같다. 하지만 이곳에서는 상상할 수 없을 정도로 엄청난 부정 행위다. 돈 몇 푼에 교사의 자존심을 팔려는 선생님도 아마 없을 것이다. 이 때문에 누구나 우리나라 이야기를 들으면 놀라움을 금치 못한다.

독일에서는 촌지 걱정을 하지 않는 것만으로도 아이를 키우는 게 훨씬 수월하다. 한국에서였다면 주는 것이 옳은가 그른가부터 안 주면 우리 아이가 불이익을 당하는 것은 아닐까 하는 고민도 해야 한다. 아이에게는 바르게 살아야 한다고 하면서 돈봉투로 뒷거래를 하는 참담한 심경은 또 어쩌랴.

지금은 촌지 문화가 많이 사라졌다고 하지만 여전히 언론에 오르내리는 것으로 봐서는 완전히 풍토가 바뀐 것 같지는 않다. 내 아이만 예쁘게 봐 달라고 봉투를 들고 학교를 찾는 부모들, 그것을 당연하다는 듯 받는 선생님들, 모두 우리의 부끄러운 자화상이다.

싸움은 싸움이고
도리는 도리

작은아이가 초등학교 3학년 때 일이다. 전 담임선생님이 출산을 하고 처음으로 학교를 방문했다. 대부분 독일 사람은 아기를 낳으면 그렇게 신고식을 하는 모양이었다. 선생님은 태어난 지 몇 주일 되지 않아 잠만 자는 아기를 요람에 넣고 다니면서 그동안 함께 지켜봤던 사람들에게 인사시켰다. 이 순간엔 신의 이름으로 감격하는 것이 정답인지 약속이라도 한 듯 모두들 '마인 곳!mein gott!'(영어로 'Oh, my God!')을 외치며 사랑스러운 눈빛으로 바라보았다.

사실 전 담임선생님과 학부모들은 그리 좋은 관계가 아니었다. 그런데도 아무 일도 없었다는 듯이 행동하는 광경을 보면서 '이 사람들은 어찌 이리도 잘 잊는 것일까!'라며 당황스럽기까지 했다. 작은아이 반은 당시 1년 동안 담임선생님과 싸우느라 서로 적지 않은 상처를 입은 상태였다.

그 일은 선생님이 임신을 하면서 시작되었으니 그해 봄부터였다. 그녀는 임신을 하자마자 몸이 아프다며 4주 동안 내리 결근을 했다. '입덧 때문인가 보다' 하면서도 어떻게 뚜렷하게 큰 병이 있는 것도 아닌데 한 달이나 학교를 비우나 내심 못마땅했다. 그러고 나서도 일주일 출근하더니 다시 2주를 나오지 않았다. 마침내 나오는 날보다 결근하는 날이 더 많아졌고 학부모들은 참다못해 교장실로 찾아가 항의하기에 이르렀다.

조목조목 논리정연하게 따지는 것이라면 아마 독일인을 따를 자가 없을 것이다. 말들도 어쩜 그리 잘하는지 변호사가 따로 없다. 엄마들은 한 마디면 끝날 것을 거창한 논제를 풀어가듯 떠들어댔다. 요지는 선생님이 몸이 아파 결근하는 것은 좋으나 우리 아이들은 어떻게 하느냐는 것이었다.

하지만 교장 선생님도 방법이 없었다. 병가는 법적인 권리이기 때문이다. 그 일 뒤에도 선생님은 매일 결근을 일삼았고 대리 선생님이 있기는 했지만 정해진 기간 동안 병가를 내는 것이 아니라 아침에 갑자기 연락한다거나 학교에 나왔다가 다시 돌아가는 일을 반복하는 바람에 대리 선생님조차 변변히 조달하지 못할 때가 많았다. 아이들은 제대로 수업을 받지 못해 자율학습을 하거나 이 반 저 반 돌아다니며 동냥 수업을 했다.

마침내 부모들의 인내심은 한계에 달했고 선생님을 바꾸어 주든지 제명해 줄 것을 학교 측에 강력히 요청했다. 엄마들은 '우리도 모두 임신부였다. 임신 중 몸 상태가 어떤지 너무나 잘 알고 있다. 이렇게 장기적으로 결근을 하려면 차라리 학교를 그만두든지 선생님을 교체해 달라'라고 거세게 몰아붙였다.

선생님의 결근 사유는 몸이 아파서만은 아니었다. 감기에 걸린 아이가 한 명이라도 있으면 출근을 했다가도 집으로 돌아갔다. 그러면서 한다는 말이 '나는 임산부 보호법에 의거해서 보호받을 권리가 있다. 내 주변에 전염병에 걸린 사람이 한 사람이라도 있다면 수업을 거부해도 된다'는 것이었다.

임신한 교사가 전염병에 걸린 학생이 있는 교실에서의 수업을 거부할 법적 권리가 있는 것은 사실이다. 하지만 그렇다고 모든 임신부가 권리만 내세우지는 않는다. 수십 명의 아이가 모여 있는 학급에 감기에 걸린 사람은 한둘 있게 마련이다. 그렇게 따지면 열 달 동안 수업할 수 있는 날은 며칠 되지 않는다. 대부분 선생님들은 특별한 경우를 제외하고는 그래도 학교에 나온다.

아무리 항의를 해도 나아지지 않는 상황에 화가 난 부모들은 교육청까지 찾아갔지만 속수무책이었다. 법적으로 문제가 없는 일이기 때문에 어떻게 할 명분이 없다는 것이다. 선생님은 임신 전에도 결석이 잦았고 툭 하면 결강을 하는 등 본래부터 불성실한 교사였기에 부모들의 심기는 더욱 불편했다.

본인을 직접 만나 얘기도 하고 교장이 나서서 설득도 했지만 그럴수록 그녀는 보란 듯이 더 임산부의 권리를 외치며 당당히 돌아가곤 했다. 아이들은 계속해서 노는 가운데 8개월이 훌쩍 지나갔다. 결국 출산 한 달 전에 병가를 쓰고 공식적으로 결석계를 제출함으로써 이 일은 마무리되었고 그제야 아이들은 새로운 선생님을 맞이할 수 있었다.

엄마들과 함께 쫓아다니면서 나도 너무 화가 났다. 이제는 아이의 선생님이고 아니고를 떠나서 인간적으로 도저히 용서할 수 없다는 생각까지 들었다. 병가를 냈다는 말을 듣고 다시는 보지 않게 되기를 빌며 속이 다 시원했다.

그런데 독일 엄마들은 달랐다. 선생님이 학교를 떠나니 선물을 한다고 돈을 걷더니 그 다음엔 또 아기를 낳았으니 작은 정성이라도 보내자고 통보했다. 아이들에게도 일부러 시간을 내게 해서 선생님에게 선물할 종이를 접고 그림을 그리고 카드를 만들게 했다. 선생님도 아무 일 없었다는 듯이 아기를 데리고 신고식을 하러 학교를 찾았다. 나는 여전히 그녀의 얼굴만 봐도 겸연쩍은데, 이성적인 독일인을 이해하기란 쉽지 않았다. 어쩌면 그리 벌떼처럼 들고 일어나 본인 면전에서 할 소리 못할 소리 다 해놓고 언제 그런 일이 있었냐는 듯이 축하한다고 끌어안고 입 맞추고 호들갑을 떠는 모양새라니.

어른들의 행동이 이중적이라고 놀라기는 했지만 아이를 생각하면 천만다행이다. 아이들은 아무도 선생님이 많은 문제를 일으키고 학교를 떠났다고 생각하지 않았다. 그들에게 선생님은 아직도 우리 선생님이고 이제 귀여운 아기까지 데려온 분일 뿐이었다.

생각해 보니 공부를 못하고 있다는 이유로 화가 난 건 부모였다. 아이들은 수업이 없어 오히려 좋아했을지도 모른다. 학교 수업을 제대로 못 받고 우왕좌왕한 것도 모자라 선생님에 대해 비뚤어진 시선마저 심어 줬다면 아이들은 정말 학교에서 아무것도 얻지 못했을 것이다.

싸움은 싸움이고 도리는 도리였다. 참으로 현명한 사람들이라는 생각이 들었지만 그래도 나는 미운 생각이 먼저 들어 선뜻 다가가고 싶지 않았다. 씁쓸했지만 별 수 없이 그 틈에 끼어 웃어주는 수밖에. 이 일로 또다시 독일 엄마들에게 제대로 한 수 배웠다.

독일 유치원은
왜 맞벌이 부모에게 불편할까

    독일은 선진국이라는 위상에 걸맞지 않게 어린이 보육 제도가 낙후되어 있다는 평을 받는다. 결혼한 직장 여성의 가장 큰 불만이 보육 제도이며 가까운 네덜란드나 벨기에, 특히 스웨덴 같은 나라와는 비교도 할 수 없을 정도다. 유치원에 종일반이 있기는 하지만 근무시간과 맞추기 어려워 아이를 하루 종일 맡기는 일은 쉽지 않다.

    이처럼 사회활동을 하는 여성에게 불편하기 짝이 없는 제도를 고수하는 이유는 '어떤 훌륭한 유치원에서도 채울 수 없는 것이 어머니의 사랑이기 때문'이라는 유치원 원장의 설명을 들었다. 가장 기본적인 인격이 갖추어지는 시기에 어머니의 보살핌이 부족하다면 사랑이 결핍된 아이로 자랄 확률이 커진다는 것이다. 제도권 교육이 아무리 완벽하다고 해도 변하지 않는 진실은 사랑이라고 이들은 믿는다. 이처럼 부실한 보육 제도 덕분에 독일 아이들은 하루 종일 부모의 그늘을 벗어나지 못한다.

어느 의사 부부가 아이를 키우는 모습을 보면서 독일 중산층이 교육에서 가장 중요하게 생각하는 것이 무엇인지 알 수 있었다. 함께 병원을 운영하며 두 아이를 키우는 부부였는데, 그 집 아이와 우리 아이는 유치원을 다닐 때부터 친했기에 부모끼리도 가깝게 지냈다.

그들은 병원 일로 눈코 뜰 새 없이 바쁜 와중에도 하루 종일 아이를 유치원에 두지 않았다. 병원 휴식 시간인 정오가 되면 서둘러 집으로 데려와 점심을 먹인 후 오후 2시면 다시 유치원에 데려다 주곤 했다. 당연히 엄마 혼자서 할 수 있는 일은 아니었기에 남편과 역할 분담을 하면서 병원 근무시간과 맞추었다. 그러다 보니 하루 종일 병원과 유치원을 종종거리며 오가야 했다.

가끔 잰걸음으로 서두르는 그 엄마를 만나 '종일반에 맡기면 될 것을 왜 그렇게 바쁘게 사느냐?'라고 물어보면 '따뜻한 점심을 함께하면서 잠시만이라도 부모의 관심과 사랑을 확인시켜주는 것이 다른 어떤 교육보다도 중요하다고 생각하기 때문'이라며 웃었다. 이들이 하루 종일 아이를 유치원에 맡기지 못하는 것은 시설이 낙후되어서도 선생님을 믿지 못해서도 아니었다.

아이가 어릴수록 부부가 모두 아이들 키우는 일로 바쁜 하루를 보내는 것이 보통 독일 가정의 모습이다. 그들이 바쁜 것은 우리나라처럼 아이들을 이 학원 저 학원에 끌고 다니기 때문이 아니다. 그나마 교육에 신경을 쓴다는 사람들은 일주일에 한 번 운동이나 악기 정도를 가르치는 것이 전부다. 그것도 주로 초등학생 이야기고 유치원 때는 별다른 사교육도 없다.

　남는 시간 아이들은 엄마와 함께 동화책을 읽거나 게임을 하거나 공원에 산책을 나가 뛰어놀면서 보낸다. 또 어린이를 위한 문화 행사나 프로그램 참여에도 적극적이다. 독일 부모는 아이들의 정서 교육에 가장 많은 시간을 할애하는 것 같다.

봉사하는 마음만 필요한
학부모 대표

　얼마 전 통장에서 지출 내역을 확인하니 큰아이가 다니던 초등학교 학교발전지원금으로 12유로(약 2만 원)가 또 빠져나갔다. 아이가 초등학교를 졸업한 지 5년이나 지났고 이미 그 동네를 떠나왔는데도 해마다 꼬박꼬박 내고 있는 것은 순전히 게으른 내 성격 탓이었다. 게으름도 게으름이지만 사실 1년에 12유로가 큰돈도 아니고 특히 큰아이가 초등학교를 다니는 동안 선생님에게 받았던 사랑과 관심이 너무 고마워서 쉽사리 그 관계를 끊고 싶지 않기도 했다.

　학교발전지원금 12유로는 아이와 직접 상관없이 학부모 대표든 일반 학부모든 1년에 한 번 자발적으로 학교에 내는 돈이었다. 독일 학부모 대표와 부대표는 우리나라처럼 반장이나 부반장 엄마가 하는 것이 아니라 학생과는 관계없이 전체 학부모가 모여 다수결로 뽑는 선출직이다. 아이가 반장을 하든 부반장을 하든 공부를 잘하든 못하든 그것은 아무런 상관이 없다.

대표가 되면 학부모 회의를 주관하고 학급의 자질구레한 일을 도맡아야 한다. 그 일이라는 것은 학교 축제 때 지원을 해준다든지 야외 학습이나 소풍 갈 때 선생님 혼자서 통솔하기 힘들 경우 함께 도와주기 등 아주 사소하고 어떻게 보면 귀찮은 일들이 전부다. 그럼에도 추천을 하면 기꺼이 받아들이고 봉사하는 마음으로 일한다. 어떤 때는 스스로 하겠다고 나서는 사람도 있다. 남을 위해 봉사하는 마음을 가장 명예스럽게 생각하는 이 나라 사람들의 문화 때문이기도 하지만 봉사하는 마음 이외에는 다른 부담이 전혀 없기 때문이기도 하다. 학부모 회장이라고 해서 학교에 후원금을 더 낸다든지 사비를 쓰는 경우는 거의 없다.

독일 학교에도 학교발전기금이 있다. 하지만 우리나라처럼 임원이 되면 반강제적으로 내야 하는 큰돈은 없다. 각 학급의 학부모 대표로 구성된 학부모회가 학교발전위원회가 되고 찬조금은 위원회 회원이 내는 것이 아니라 전체 학부모를 대상으로 희망자에 한하여 통장으로 입금하도록 되어 있다. 액수도 학교에 따라 약간 차이는 있지만 우리 아이들의 경우 1년에 2만 원 정도가 전부다. 그런데 이름이 드러나는 것도 아니고 강요하는 사람도 없기 때문에 굳이 내지 않아도 무관하다.

지금도 그렇겠지만 10여 년 전에는 가난한 집에서는 아이가 반장을 하면 걱정이 태산이었다. 공식 비공식 찬조금이 한두 푼이 아니었기 때문이다. 거의 반강제적으로 기부금을 내다 보니 학교의 발전을 위해 무엇을 할 것인가보다는 얼마의 돈을 어떻게 만들지가 더 중요한 관심사였다.

대학 동창 중에 교사를 하는 친구가 있다. 그 친구가 풋내기 교사 시절 학부모 찬조금 때문에 곤욕을 치르던 기억을 지금도 잊지 못한다. 처음으로 담임을 맡아 아이들을 하나하나 알아가는 재미에 푹 빠져 있을 즈음 일어난 일이었다. 문제의 발단은 가정이 어려운 학생이 반장이 되면서부터였다. 생각보다 너무 많은 찬조금에 놀란 반장 어머니의 하소연에 친구는 별 생각 없이 위로한답시고 한마디 했다.

"어머니, 찬조금 때문에 걱정하지 마세요. 저는 상관없으니 힘들면 내지 않으셔도 돼요."

무심코 한 이 말이 후에 두 사람을 힘들게 하리라고는 당시에는 전혀 예상치 못했다. 어머니는 다른 육성회 임원에게 이 말을 전했고 내 친구는 며칠 후 당장 교장실로 불려갔다.

"당신 전교조야!"

교장실을 들어서자 교장의 입에서 첫 번째로 튀어나온 말이었다. '너만 깨끗하고 남들은 다 더럽다는 것이냐, 학교라는 조직이 그렇게 우습게 생각되느냐! 왜 엄마들을 선동하느냐!' 등 자신의 잘못이 무엇인지 생각도 해보지 않은 상황에서 진땀이 흐르도록 호된 훈계를 들었다. 말 한마디 때문에 전교조에는 관심도 없던 친구가 갑자기 전교조 교사로 몰리는 상황까지 벌어졌다. 친구는 한동안 뻔질나게 교장실에 불려갔고 매일 저녁 소주잔을 기울이며 '이런 학교를 내가 계속 다녀야 하느냐?'고 묻곤 했다.

　나는 학교 육성회가 어떤 곳인지 그때 처음으로 알았다. 더불어 반강제적으로 임원 엄마에게 분담된 돈이 한두 푼이 아니라는 놀라운 사실도 알게 되었다. 이 글을 쓰면서 관련 기사를 찾아보니 입이 딱 벌어졌다. 한 학년 1년 찬조비가 2,000여만 원에 이른다는 학교도 있었다. 15년이 지난 지금도 여전히 거액의 찬조금이 존재한다니.

　생각해 보면 부모들이 마음만 모으면 충분히 없앨 수 있는데 왜 이렇게 오랜 관행으로 답습되는지 이해하기 어렵다. 내 아이만 잘되면 상관없다는 잘못된 교육열이 여기서도 단단히 한몫하고 있는 것이다. 이제는 좀 당당하게 벗어날 때도 되었는데 말이다.

인내심 많은 독일 엄마

　작은아이 여자 친구는 얼마 전에 시작한 피아노를 그만두고 이번 달부터 바이올린을 한단다. 작년에는 플루트를 한다더니 벌써 세 번째 바뀌었다. 그런 친구 엄마를 보며 나는 답답했다. '자기 아이 하나 확 휘어잡지 못해 허구한 날 끌려 다니면서 이 악기 등록했다 취소하고 또 다른 것 찾아다니고, 시간이 아깝다'라고 생각한 것이다.

　그런데 이번엔 우리 아들이 피아노를 배우기 싫다고 하지 않는가. 어떻게 해야 하나. 그거 하나 확 휘어잡지 못하고 끌려 다닌다고 빈정대던 것은 까맣게 잊어버리고 고민하기 시작했다. 지금 그만두면 도로 아미타불, 이제까지 배운 것이 아까운데 말이다. 하지만 아이의 뜻을 존중하기로 했다. 쉬었다가 하고 싶을 때 다시 시작하기로. 흥보면서 나도 독일 엄마가 다 되어가는 것 같다.

독일 엄마들은 심하다 싶을 정도로 아이의 뜻을 존중한다. 특히 과외 활동에 대해서는 완전히 스스로 결정하도록 맡긴다. 그러다 보니 인내심이 적은 초등학교 때는 무엇 하나 진득하게 오래 하는 아이가 드물다. 스포츠는 물론 음악, 미술 할 것 없이 시작했다고 자랑할 만하면 그만두기 일쑤였다.

그런데 고학년에 올라가면 상황이 달라진다. 대부분의 아이들은 악기면 악기, 스포츠면 스포츠, 자신이 좋아하는 분야를 찾아 열심히 한다. 이 중 절반 정도는 입시를 준비하면서도 거의 프로에 가깝게 열중한다. 엄마의 간섭과는 전혀 상관없이 공부와 취미 생활을 스스로 조율한다. 어떻게 하면 그렇게 몰입할 만한 한 가지를 찾을 수 있을까.

여기에 오기까지 아이들은 많은 시행착오를 경험한다. 좋다고 생각하던 악기도 막상 해보면 자신과 맞지 않는다는 것을 알게 되기도 하고 멋있어서 시작했던 스포츠도 배워보면 너무 버거웠음을 깨닫기도 한다. 이렇게 어렸을 때부터 다양한 경험을 할 수 있는 것은 아이의 의견을 존중하면서 정말 좋아하는 것을 찾을 때까지 인내심을 가지고 기다려준 엄마 덕분이다.

독일 엄마의 인내심은 대단하다. 그 어떤 것도 아이의 동의 없이 강요하지 않는다. 특히 취미 생활이나 과외 활동에 대해서는 스스로 선택할 때까지 충분한 기회를 준다. 프로든 아마추어든 자신이 정말 좋아서 신명나게 할 수 있는 것을 찾기란 쉽지 않다. 경제적인 뒷받침도 되어야 하지만 그것을 발견할 때까지 부모가 귀찮아하거나 계산하지 않고 옆에서 지켜보며 도와주는 인내심이 더욱 필요하다.

아이의 의견과는 관계없이 '우리 아이는 음악적인 재능이 있으니 피아노를 해야 해'라고 엄마가 단정 짓고, 싫다는 아이를 학원이다 과외다 끌고 다니면 과연 그 악기와 평생 벗하며 지낼 수 있을까. 독일에도 더러 그런 엄마들이 있다. 하지만 그렇게 시작한 아이가 끝까지 엄마 말에 순종하는 경우는 거의 없다. 자의식이 싹트는 사춘기가 되면 한바탕 전쟁을 치르고라도 어느 날 갑자기 그만두고 다시는 돌아보지 않더라는 이야기를 종종 듣는다.

넘치는 교육열로
강제부모교육을 받을 뻔한 사연

얼마 전 나이가 지긋하신 한국 동포를 만나 예전에 어렵게 아이들을 키우던 이야기를 들었다. 동포 1세대에게는 실로 소설 같은 사연이 많다. 대부분은 함부로 꺼낼 수 없는 아픈 내용이지만 이날은 교육에 관한 재미있는 이야기였다.

내용인즉슨 처음 독일에 와서 아이들을 키우면서 한국식 교육을 버리지 못하여 저지른 실수담이었다. 이미 2,30년 전의 일이지만 지금 막 한국에서 온 사람들의 생각도 이와 별반 다르지 않을 것이다.

먹고사는 일이 아무리 힘들어도 자식 교육만은 포기할 수 없는 한국 부모가 으레 그렇듯 그도 아이들 공부에 정성을 많이 기울였던 모양이다. 아이는 독일 학교에서 공부도 잘했을 뿐만 아니라 성실하고 착해서 선생님과 친구들의 사랑을 한몸에 받으며 다녔다고 한다.

그런데 정작 아버지는 적응하지 못했으니 바로 한국과 다른 독일식 점수 체계였다. 공부를 잘하면 당연히 100점을 받아야 하는 것이 한국 부모의 생각이다. 하지만 여기서는 가장 높은 점수가 1점이다. 그러나 한국식 만점을 좋아하는 이 아버지, 아들이 시험에서 몇 문제만 틀려도 난리가 났다. 아버지 생각으로는 1등을 하려면 당연히 100점을 받아야 하기 때문이다. 수학 시험은 그렇다고 쳐도 독일어 같은 경우는 우리식의 만점이란 것이 존재하지 않는다. 오지선다형이나 단답형이 없는 시험에서 만점을 받는다는 것은 쉬운 일이 아니다.

예를 들어 초등학교 4학년만 해도 '도서관을 방문했던 이야기를 쓰시오'라는 문제 하나만 달랑 나오면 아이들은 긴 답안지를 작성해서 제출한다. 그러면 선생님은 텍스트에 대해 분야별로 채점을 한다. 맞춤법, 문법, 문맥부터 시작해서 '적당한 비유법을 사용했는가' '이야기가 얼마나 재미있었는가' '클라이맥스가 제대로 이루어졌는가' 등 항목마다 세부적으로 점수 분포가 이루어지니 100점을 받기는 하늘에 별을 따기만큼 어렵다.

아마도 이 아버지는 그런 시험 자체를 제대로 이해하지 못한 것 같다. 그렇기 때문에 아이가 몇 문제만 틀려도 엄청나게 혼을 냈다. 한 번은 시험지를 돌려 받는 날인데, 또 몇 문제가 틀려 있었다. '오늘도 죽었구나' 생각하니 집에 들어갈 기분이 영 안 났던 모양이었는지 학교를 마치고 아이는 친구네 집으로 갔다. 그런데 이 사실을 알게 된 친구 엄마는 아이의 아버지를 비정상적인 사람으로 생각했다. 자기 아들은 매일 3,4점을 받아와도 만족하는데 1,2점만 받는 우등생이 시험을 못 봤다고 혼난다는 이야기를 듣고는 폭력 부모나 이상한 사람일지도 모른다고 의심한 것이다.

다음날 친구 엄마는 담임선생님에게 전화로 이 사실을 알렸고 그 아버지는 마침내 선생님에게서 만나자는 편지를 받았다. 무슨 일인지 영문도 모르고 학교를 찾아간 그는 선생님의 의심에 가득 찬 시선을 느끼며 상담을 시작했다.

"도대체 반에서 가장 공부를 잘하는 아이를 공부 때문에 혼낸다는 것이 말이 됩니까? 당신 아이는 성실하고 모범적인 학생으로서 문제가 전혀 없습니다. 앞으로 한 번만 더 아이를 혼내면 강제부모교육기관에 보내진다는 것을 명심하세요." 선생님의 따끔한 충고와 은근한 협박에 식은 땀만 흘릴 뿐 안 그래도 제대로 못하는 독일어인데 이날은 완전히 꽉 막혀버리고 말았다고 한다.

'아니, 이게 무슨 일이야? 자식 공부에 신경 쓴 죄밖에 없는데 강제교육기관에 보내진다니. 내 자식도 내 마음대로 못한단 말이야?' 정신이 번쩍 든 아빠는 독일이라는 나라에서는 내 새끼도 마음대로 혼내지 못한다는 것을 그제야 알게 되었단다.

그 후부터는 울며 겨자 먹기로 대화를 시작하게 되었다. 그렇게 하다 보니 아이도 아버지의 마음을 이해할 수 있었고 아버지도 아들이 다니는 독일 학교가 어떤 곳인지 차츰 깨달았다고 한다. 이 부자의 이야기는 다행히 해피엔딩으로 끝났다.

한국 꽃미남 가수
흉 좀 보면 안 돼?

우리 아이 친구들은 독일 학생치고는 드물게 한국에 관심이 많다. 틈틈이 인터넷에서 한국에 관한 새로운 소식을 조회해서 큰아이에게 들려주며 화제를 삼을 정도다. 아마 나중에 우리나라를 많이 아는 몇 안 되는 독일인이 될지도 모르겠다. 모두 한국 친구를 둔 덕분이다. 친구 뿐 아니라 우리 아이와 친한 선생님들도 한국에 관심이 많다. 대부분의 독일인이 한국에 대해 거의 아는 바도 없고 관심도 없는 것과는 대조적이다. 저녁시간에 큰아이가 친구들과 한국 가수에 대해 이야기한 것을 가지고 흥미롭게 입을 열었다.

"오늘 내 친구가 음악 사이트에서 한국 가수에 대해 나온 부분을 읽고 와서 이야기해주는데 한국에서 가수가 되려면 노래 실력보다는 근육질의 몸매와 잘생긴 얼굴이 더 중요하다고 쓰여 있다는 거야. 그래서 성형 수술도 많이 한다고. 가수는 본래 노래를 잘해야 되는 것 아냐?"

"누가 하고많은 내용 중에 안 좋은 것만 골라서 올려놓았어? 한국에 대해서 관심도 없는 녀석들이 나쁜 것은 잘도 알아내는구나."

"아빠, 그게 어때서? 그러면 안 돼?"

"너는 기분도 안 나빠? 가만히 듣고만 있었어?"

"그게 사실이잖아."

"그래도 그렇지. 그게 다가 아니라고 알려 줘야지. 요즘 너도 한국 텔레비전 프로 보잖아. 노래 잘하는 가수가 얼마나 많은지 잘 알거 아냐! 그건 일부라고 설명해 줘야지."

"그런데 아빠, 그게 왜 나빠? 그건 우리나라 대중문화의 특색이야. 이럴 수도 있고 저럴 수도 있는 거지, 내 친구들이 그게 꼭 나쁘다고 말한 것은 아니야. 재미있다는 거지."

"넌 한국 사람이라는 걸 잊지 마. 어디에서도 한국에 관한 이야기가 나오면 제대로 말할 수 있어야 한다고."

"제대로? 지금 아빠 이야기는 제대로 하라는 것이 아니라 좋은 쪽으로만 변호를 하라는 말이잖아. 그게 잘못된 것 아니야?"

"그래도 애가 못 알아듣네. 너는 불쾌하지 않았어?"

"전혀. 독일이 뭐 때문에 유명한지 알아? 히틀러야, 히틀러. 폭력과 독재와 잔인함의 상징 히틀러. 어떤 통계에서 나왔대. 독일 아이들은 다른 나라 학생이 그런 말 하면서 비웃어도 하나도 기분 나빠하지 않아. 저번에 프랑스에서 우리 반에 교환 학생으로 온 아이가 못하는 독일어로 히틀러 이야기를 하며 독일을 얼마나 비난했는지 알아? 그런데 우리 반 아이들은 맞는 말이라고 맞장구치면서 낄낄거리던데."

"임마! 한국하고 독일이 같니!"

이상은 애국심에 불타는 한국 아빠와 그 반대의 교육을 받고 자란 아들의 대화였다. 우리 집에서는 이런 종류의 언쟁이 자주 일어난다. 그러면 보통 아빠가 지곤 한다.

독일 사람들은 자녀 교육에 양쪽 부모가 비슷하게 정성을 기울인다. 학부모 상담 시간에도 부부가 함께 오는 경우가 많다. 그런데 우리는 10년이 넘어도 한국 사람답게 아이들 학교에 관한 일은 엄마 혼자 알고 있는 편이다. 남편은 이 나라 분위기와는 안 어울리는, 지금까지 상담 한 번 함께 간 적이 없는 전형적인 한국 아빠다. 그러다 보니 이렇게 가끔 분위기 파악 못하고 엉뚱한 소리를 해서 망신을 당하거나 웃음을 자아낸다. 평소에는 아이들에게 친구 같은 아빠지만 학교에 대해서는 잘 모르니 소통에 문제가 생기는 것은 당연하다.

큰아이는 요즘 친구들과 자주 팝뮤직이나 가수 이야기를 한다. 그런데 어떤 녀석이 한국 가수에 대해 재미있는 글을 봤나 보다. 한국 연예인이 유명해지기는 한 것일까. 한국 관련 정보가 거의 없는 독일에서도 찾을 수 있는 정도가 되었으니 말이다.

보통의 한국 사람들이 이런 이야기를 다른 나라 사람에게서 듣는다면 어떤 기분일까? 아마 아무런 느낌 없이 받아들이기란 쉽지 않을 것이다. 사실 나도 기분이 좋지는 않았다.

그런데 큰아이의 말처럼 독일 인은 자기 나라에 대해서 말할 때도 남의 나라 이야기하듯 한다. 처음 볼 때는 좀 이상했다. 많이 배운 사람일수록 냉정할 정도로 객관성을 잘 유지한다. 왜 그럴까? 그것은 바로 이 나라 교육의 결과다. 우리 아이가 학교에서 받는 교육 중 가장 인상적인 부분은 반민족주의다.

그렇다고 독일인에게 애국심이 전혀 없다고 생각하면 착각이다. 내면에는 거부할 수 없는 애정이 있다. 그러나 그 마음을 드러내는 것을 수치로 생각하는 독일식 상식이 지식인층에서 더 강하게 배어 있는 것이다. 때문에 외국인으로서는 많이 배운 사람들과 대화를 한다거나 친하게 지내기가 더 수월하다. 항상 느끼는 것이지만 이들은 외국인에 대해 편견도 적고 친절하다.

이런 분위기에서 교육을 받으니 아이가 엄마 아빠를 가끔 이해하지 못할 때가 있다. 그러면 엄마는 또 한국의 민족주의는 독일과는 다르다고 일장연설을 한다. 그런데 두 나라가 다른 이유를 설명하다 보면 결국은 '독일은 나쁜 나라, 한국은 좋은 나라'가 된다. 독일 반민족주의는 반나치즘에서 출발했고 우리의 민족주의는 구국의 항쟁에 뿌리를 두고 있으니 말이다.

틈만 나면 부연 설명을 해준 덕에 큰아이도 어느 정도는 알고 있지만 엄마가 전적으로 옳다고 생각하는 것 같지는 않다. 나 또한 한국이란 나라를 이해시키기 위해 아전인수 격으로 가르치고는 있지만 변명이 궁색해지는 것은 어쩔 수 없다.

한국에 살았다면
1등 치맛바람 엄마

내가 만약 한국에 살았다면 어떤 학부모가 되었을까? 독일 교육의 장점을 누구보다 잘 알고 그 혜택을 마음껏 누리며 아이들을 키우고 있지만 가끔 '내가 만일 한국에서 아이들을 키운다면'이라는 가정을 해보곤 한다.

사실 나는 여기서도 한국 엄마다. 그것도 교육에 관심 많은, 아니 교육 문제보다는 성적에 지대한 관심을 기울이는 한국 엄마다. 최근 큰아이의 월반 문제로 적지 않은 고민을 했다. 우리가 사는 노드라인베스트팔렌 지역은 11학년 과정이 복습을 위주로 되어 있기 때문에 성적이 우수한 학생은 부담없이 한 학년을 월반하는 기회가 주어진다. 큰아이의 담임선생님에게서 아이가 월반을 할 수 있다는 반가운 소리를 듣고 한동안 흥분했다.

그동안 블로그를 통해 떠들던 멋진 '독일 교육 이야기'는 완전히 잊고 우리 아이가 월반을 한다는 생각에 그저 헤벌쭉했다. 큰아이도 처음에는 선생님의 이야기를 듣고 잘난 척을 하더니만 어느 날 진지하게 말을 꺼냈다. 아이는 자신의 의견을 직접 말하기보다는 같은 반에 성적이 비슷한 막스라는 친구의 이야기를 전하는 것으로 대신했다.

"엄마, 막스는 본래 수업시간이든 노는 시간이든 웃긴 말만 하고 좀처럼 진지한 표정을 짓는 아이가 아니야. 그런데 그 애가 어제 나를 붙들고 진지하게 한마디 하더라고. '공부도 중요하지만 네 주변에 있는 친구들을 생각해봐. 다음 학기에 네 옆엔 우리가 없어. 그리고 너는 아무리 십일 학년이 복습하는 시기라지만 일 년을 보충하기 위해 스트레스 속에서 살아야 할 거야. 진지하게 생각해. 그 일 년이 지금 주변에 있는 것들을 모두 버릴 만큼 가치 있는지'라고 말이야."

"그렇다면 너는 어떻게 생각하는데? 막스 말이 옳은 것 같아?"

"사실 나 선생님 말씀에 기분이 좋기는 했지만 앞으로 받을 점수에 대한 스트레스 때문에 좀 두려웠어. 막스 말을 듣고 더 확실해진 건 사실이야. 다른 아이들은 모두 하고 싶은 것 다하고 사는데 나 혼자 죽도록 공부해야 한다고 생각하니 기운이 빠지더라고."

가슴이 아팠다. 그리고 미안했다. 아이의 마음에 있는 두려움을 헤아려볼 생각조차 못했던 나의 경솔함이 부끄러웠다. 그래도 한국 엄마이기 때문에 마음 한구석에는 약간의 아쉬움이 남았지만 아이를 설득할 만한 적절한 단어가 없었다. 선생님에게 월반을 하지 않겠다는 답변을 주기로 결정하니 아이의 표정이 대번에 밝아졌다. 나도 모르던 돌덩이 하나가 가슴을 누르고 있었는지 내 마음도 가벼워졌다.

'내가 만약 한국에 살았다면 어떤 학부모가 되었을까?'라는 의문에 대한 정답은 '치맛바람 1등 엄마'다. 내가 독일 교육에 대해 이처럼 자세히 알게 된 것도 교육에 대한 관심이 남달랐기 때문이고 어떻게 하면 아이들을 잘 키워볼까 고심하고 또 고심하며 살았기 때문이다. 그러다 보니 독일에서 아이들을 제대로 키우는 길은 의외로 성적이 전부가 아니라는 것을 알았고 독일 선생님이 좋아하는 학생은 공부를 잘하는 학생이 아니라는 사실도 깨달았다.

이런 내가 만일 한국에서 아이를 키웠다면 역시 한국 사회에 맞게 잘 키우기 위해서 엄청 노력했을 것이다. 지금쯤 나는 최고의 과외 선생을 찾아다니든지 우수 학생만을 위한 그룹 과외를 짜고 있었을지도 모른다.

프로 탁구 선수 출신
기업 고문 변호사

한국에서는 프로 스포츠 선수로 뛰던 사람이 선수 생활을 그만두고 변호사나 의사와 같은 전문 직업인이 되었다는 이야기를 들어본 적이 없다. 한 가지만 죽자고 해도 부족한 한국 사회에서는 쉽지 않은 일이기 때문이다. 더구나 프로를 지향하는 한국 스포츠계의 시스템상 연습 시간을 쪼개어 공부에 집중할 수 있을지도 의문이다. 아마 두 가지를 모두 완벽하게 성공했다면 신문에 날 정도의 기적이다. 그런 의미에서 나는 '국민MC'로 유명한 강호동이라는 전 씨름 선수를 대단하게 생각한다. 하나도 이루기 힘든 세상인데 두 분야에서 모두 최정상에 오른 사람은 어떤 인물일지 그의 진짜 삶이 궁금해지기도 한다.

독일도 그렇다. 한 사람이 두 마리 토끼를 모두 잡는 것은 쉽지 않다. 아니, 독일인들은 성공에 죽자사자 목을 매지도 않기 때문에 그래야 할 필요성을 못 느끼는 사람이 더 많다. 그러나 의외로 두 가지를 모두 이룬 사람도 분명히 있다. 느슨한 사회 분위기가 그것을 가능하게 하는 것이다.

스테판 선생님의 아들 중에는 그런 이가 있다. 스테판 선생님은 세 아들을 두었는데 각기 개성이 다른 그들을 키운 이야기를 듣다 보면 이들이야말로 독일 교육의 가장 큰 수혜자라는 생각이 든다. 그 중에서도 둘째 미하엘은 자랄 때는 부모 말을 안 듣고 제멋대로였지만 형제 중에 가장 먼저 자기 자리를 확실하게 찾아 승승장구하고 있다. 선생님도 나이가 들다 보니 자식 자랑하는 낙에 인생의 보람을 찾는 듯 세 아이 이야기를 자주 들려주신다.

올해 마흔두 살인 미하엘 스테판은 김나지움 11학년이던 열여섯 살의 나이에 노드라인베스트팔렌 주의 최연소 분데스리가 탁구 선수가 되었다. 지금도 그는 이 지역 탁구 동호인들 사이에서 유명인사다. 약 5년 동안 선수 생활을 한 그는 24세에 본 대학 법학과를 졸업, 변호사가 되었고 현재는 베를린에 있는 프랑스계 대형 전기 회사의 고문 변호사로서 수백 명의 부하직원을 거느린 책임자로 일하고 있다.

미하엘이 탁구를 시작한 것은 일곱 살 때였다. 그는 형, 동생과 함께 아버지에게 탁구를 배웠다. 스테판 선생님은 매일 오후 지하실에서 세 아이들과 직접 만든 탁구대 두 개를 놓고 한 아이당 정확히 30분씩 연습을 시켰다. 초등학교 아이들에게 30분 이상은 무리라는 것이 선생님의 주장이다. 미하엘이 탁구로 성공할 수 있었던 이유로 아버지의 역할을 무시할 수 없다. 아버지가 트레이너인 동시에 아이들이 지치지 않도록 충분히 배려하고 지도한 현명한 교육자였기 때문이다.

미하엘은 유독 운동 신경이 남달랐고 승부 근성도 강했다. 그리하여 동네 클럽에서 두각을 나타냈고 주 청소년 대회에서도 우수한 성적을 기록했다. 뿐만 아니라 열세 살에는 전 독일 어린이 탁구대회에서 3위를 하면서 주목을 받았다. 그러다가 16세에는 '율리히'라는 분데스리가 팀에서 본격적인 선수 생활을 시작했다. 그때가 김나지움 11학년, 한창 입시 공부를 할 시기였다.

그런데 분데스리가 선수가 되면서 연습량도 예전보다 많아지고 시합 때문에 전 독일을 돌아다니다 보니 학교 성적이 점점 떨어지기 시작했다. 스테판 선생님은 성적 때문에 전혀 걱정하지 않았다고 한다. 탁구 선수가 공부까지 잘할 필요는 없다고 생각했기 때문이다.

미하엘은 간신히 아비투어에 합격하고 김나지움을 졸업했다. 그 후 그는 아무것도 하지 않고 1년여를 탁구 시합에만 참여하고 빈둥거리며 보냈다. 경기 성적도 점점 저조해졌고 앞으로 무엇을 하며 살지 생각이 없는 사람처럼 지냈다. 그러다가 갑자기 봉사활동을 하러 아프리카로 떠나겠다는 말을 했다. 스테판 선생님은 반대했다. 의욕만 앞섰지 '어떻게?'라는 의문을 가져보지 않은 아들의 무모한 여행 계획이 젊은 날의 치기로밖에 보이지 않았던 것이다.

그는 떠밀리다시피 군대를 갔고 제대 후 법학을 공부하기로 마음먹었다. 아비투어 성적은 좋지 않았지만 독일은 경쟁이 치열하지 않기 때문에 대학 입학 기회가 주어졌고 그는 공부를 새로 시작하겠다는 용기를 냈다.

본 대학에 입학하고 한 학기 동안 선수 생활을 병행하던 그는 탁구를 그만두고 학업에만 전념하기로 마음먹었다. 당시 스테판 선생님과는 약간의 갈등이 있었다고 한다. 여기저기서 스카우트 제의가 들어오는 잘나가던 시기에 탁구를 그만두겠다고 하니 그동안 정성을 기울인 아버지 입장에서는 어이가 없었을 것이다. 그러나 본인의 확고한 의지는 누구도 꺾을 수 없었다.

탁구를 그만둔 바로 다음 순간부터 미하엘은 완전히 다른 사람이 되었다. 하루에 열 시간이 넘도록 책상에서 일어나지도 않고 공부만 했다. 자기 자식이지만 선생님도 아들이 공부하는 모습을 보며 놀랐다고 한다. 김나지움 때의 빈둥거리던 아들이 아니었던 것이다. 그렇게 공부하더니 법대도 다른 사람보다 한 학기 먼저 졸업했고 변호사가 되었다. 지금도 그는 전기 회사의 고문 변호사로서 기술적인 지식을 보충하기 위해 방송통신대학 전기공학과를 다니고 있다.

스테판 선생님에게 미하엘 이야기를 들으면서 인생에서 기회를 다시 얻을 수 있다는 것은 한 인간에게, 아니 한 사회를 위해 정말 중요한 일이라는 사실을 깨달았다. 만일 그가 아비투어 성적이 나쁘다는 이유로 법대에 입학할 기회를 얻을 수 없었다면 자신도 몰랐던 공부에 대한 열정을 꽃피워 보지도 못하고 포기해야 했을 것이다. 점수로 줄을 세워 그 사람의 능력을 평가하지 않는 사회였기 때문에 그에게 다시 공부할 수 있는 기회가 주어졌다.

한편으로는, 또 프로 선수가 되기 위해 하루 종일 연습에만 매진했다면 다시 학업을 시작하기 위한 최소한의 기초를 닦아 두지 못했을 것이다. 비록 형편없는 성적으로 졸업했지만 독일 학교에서는 프로 선수라고 해서 성적에 대한 혜택이 주어지지 않기 때문에 기본적인 공부는 할 수밖에 없었던 것도 한 요인이었다. 이처럼 융통성이 있는 사회 분위기가 경제강국 독일을 지켜주는 저력일 것이다.

"점수로 줄을 세워 그 사람의 능력을
평가하지 않는 사회였기 때문에
그에게 다시 공부할 수 있는 기회가 주어졌다."

더불어 사는
공동체를
위한 교육

5

1등과 꼴찌가 절친한 친구?

큰아이 학교에 미국에서 교환학생으로 온 학생이 있었다. 그는 1년 동안의 독일 학교 생활을 마치고 돌아갈 때 학교 신문과 한 인터뷰에서 '독일 학교를 다니면서 놀랐던 일 세 가지'를 다음과 같이 이야기했다.

첫째, 영어 과목 수준이 미국과 거의 같다는 점. 둘째, 자율학습 시간에 모든 아이가 조용하게 자리를 지킨다는 점. 자기가 다니는 학교에서는 자율학습에 집중하고 싶어도 시끄러운 아이들을 당해낼 수가 없다고 한다. 셋째, 끼리끼리 문화가 없다는 점. 미국도 한국처럼 공부를 잘하는 아이는 잘하는 아이끼리, 펑크족은 펑크족끼리, 싸움꾼은 싸움꾼끼리 각각 그룹이 나뉘어 있어서 그 벽을 넘나드는 것이 쉽지 않다고 한다. 그러다 보니 다른 그룹에 속한 아이들과는 친구 되기가 무척 어렵다. 예를 들어 반에서 1등 하는 아이와 꼴등 하는 아이는 절대 친구가 될 수 없는 불변의 진리가 있다는 것이다. 그러니 아무런 조건 없이 마음만 맞으면 친구가 되는 독일 아이들의 관계 맺기가 색다르게 보였나 보다.

우리 아이 친구들을 보면 정말 그렇다. 이들에게는 친구를 사귀는 데 전제 조건이 없는 것 같다. 공부를 잘하거나 못하거나 집에 돈이 많거나 적거나 소위 '날라리'거나 모범생이거나 모두 친구가 될 수 있다. 부모도 아이들의 선택을 존중하기 때문에 교우관계에 대해 왈가왈부하는 일이 없다.

내 학창 시절 친구들은 모두 나와 비슷한 부류였다. 공부도 적당히 열심히 하고 큰 말썽도 피우지 않는, 있는 듯 없는 듯한 소박한 모범생들. 우리뿐만 아니라 대부분 끼리끼리 모여 다녔다. 우리는 그것이 이상하다고 여기지도 않았고 단지 비슷비슷한 사람들이 마음이 더 잘 통하기 때문이라고 순진하게 생각했다. 그래도 가난한 아이와 부자는 친구가 되는 경우가 간혹 있었다. 하지만 1등과 꼴지가 친해지는 경우는 거의 본 적이 없다. 왜 우리는 마음을 열어 보지도 않고 서로 통하는 점이 없을 것이라고 단정지었을까? 그것은 우리의 선택이라기보다 사회적 통념에 자신을 끼워 맞추는 것에 가까웠다. 그런 면에서 독일 아이들은 자기 자신에게 용감하고 솔직한 편이다. 좋으면 그냥 좋은 것이지 다른 것은 생각하지 않는다.

나는 독일에서 아이들이 끼리끼리 모여 다니는 것을 거의 보지 못했다. 물론 친한 친구끼리 그룹은 지어져 있지만 다양한 개성의 아이들이 서로 이해하면서 우정을 쌓아간다. 피부색과 인종이 다르다고 해서 특별한 사람으로 취급하지 않는다. 때문에 외국인이 학교생활에 적응하기에는 더없이 좋은 분위기다. 그래도 간혹 문제가 있다면 십중팔구 그 아이 성격이 이상한 경우였다.

아이들은 친구 관계에서 자신과 상대방의 장단점을 모두 수용하고 인정하는 자세를 갖추고 있다. 얼마전 우리 아이는 같은 반 친구 세 명과 영어 세미나 준비를 위해 일주일 내내 정신없이 바쁘게 보냈다. 그렇게 함께하는 시간이 많다 보니 친해질 수밖에 없었다.

넷 중에 셋은 성적이 상위권이고 나머지 한 명은 낙제를 걱정해야 할 만큼 어려운 처지였다. 공유할 수 있는 주제를 찾지 못해 고심하던 녀석들은 그 한 아이에게 어려운 과제를 주지 않는 대신 세미나에 필요한 모든 준비물을 담당하게 했다. 부모가 부자이기 때문이라나. 본인도 그 결정에 자존심 상해하지 않으면서 '다른 아이들과 보조를 맞출 수 없으니 경제적인 부담을 떠맡겠노라' 하고 당당히 밝혔단다. 한 학기 성적을 좌우하는 중요한 세미나지만 공부 못하는 아이가 낀 것에 아무도 불만이 없었다. 돈을 절약할 수 있어 오히려 환영하는 분위기였다. 어찌 보면 합리적이고 어찌 보면 계산적이다. 여하튼 이들은 이 일을 계기로 아주 친해져 밤새워 놀기도 하면서 지금까지 자주 붙어 다닌다.

그러나 이렇게 마음을 열어두고 사는 아이들 사이에도 왕따는 있다. 어른 사회에서도 비뚤어지고 이기적인 사람은 따돌림을 당하는 것처럼 아이들도 마찬가지다. 공부를 잘하건 부자건 외모가 수려하건 상관이

없다. 독일인은 냉정할 때는 찬바람이 불 정도로 차갑다. 그것은 아이들
도 마찬가지다. 동정의 여지없이 관심을 잘라버린다.

'우리 독일인'이란 말은 금지어

큰아이 정치 수업시간에 있었던 일이다. 어떤 아이가 발표 도중 장난기 섞인 말투로 '우리 독일인WirDeutschen은……'이라고 서두를 꺼냈다고 한다. 그 즉시 선생님은 발표를 정지시키고 '넌 학생이고 지금이 수업시간이었으니 망정이지 만일 어른이 되어 낯선 사람들이 모인 장소에서 그렇게 말했다면 따가운 눈총을 받았을 것이다'라고 지적했다.

이 녀석도 사실을 몰랐던 것은 아니었다. 하지만 농담 삼아 한번 입을 열었다가 호되게 꾸지람만 들었다. 장난이라고 변호했지만 이미 때는 늦은 듯 한참 잔소리를 듣고 또 들었다고 한다. 이런 이야기를 처음 들었을 때는 참으로 이해할 수 없었다. 도대체 '우리'라는 말이 어때서? 우리라는 단어는 얼마나 자연스럽고 정감 있던가. 우리나라, 우리 조국, 우리 한국인, 우리 가족, 우리, 우리……. 그런데 이렇게 따뜻한 말이 독일인에게는 터부시된다.

　독일인이 '우리'라는 말을 이토록 싫어하는 이유는 '우리' 속에 숨겨진 히틀러의 망령이 다시 고개를 내밀까 두려워서이다. 우리를 내세워 우리를 위해 이웃을 짓밟아도 된다고 정당화했던 히틀러의 선동용 도구가 바로 '우리'였던 것이다. 독일에서 나라, 국가, 민족 앞에 붙는 우리라는 말은 민족주의의 은유요, 독일인의 과오를 다시금 떠오르게 하는 아픈 단어다.

　독일 사회가 한국과 가장 다른 부분은 교육과 민족주의다. 우리와는 달라도 너무 달라 처음에는 이 나라 사람들은 자기 나라를 싫어하는 게 아닐까 의심했다. 축구 시합이 있는 날 외에는 독일 국기가 길에 돌아다니는 것을 본 일이 없고 올림픽에서 금메달이라도 따면 모를까 '나치오날힘네Nationalhymne'라고 하는 독일 국가도 들은 일이 거의 없었다. 아이들 학교에서도 국가를 가르치지 않는다.

　그런데 어느 날 독일에서 한 번도 제대로 듣지 못했던 나치오날힘네를 공적인 장소에서 처음으로 듣게 되었다. 한 5,6년 전의 일이다. 그곳은 우습게도 다름 아닌 한글학교 운동장이었다. 독일에 와서도 한국 사람들은 운동회를 시작하기 전에 국기에 대한 경례를 하고 애국가를 부른다. 그때 주최측에서는 이 나라에 사는 예의로 생각했는지 독일 국기도 함께 게양하고 더불어 국가도 들려주었다. 독일 학교 운동회나 축제에서는 있을 수 없는 일이었다. 그랬다가는 신문에 대문짝만 하게 실리고 난리가 났을 것이다.

독일인도 듣기 힘든 이 나라 국가를 한국인 행사에서 처음 듣다니 기분이 좀 묘했다. '독일인들이 우리가 자기 나라의 국가를 들으면서 독일 국기를 근엄한 얼굴로 바라보는 모습을 보면 과연 어떻게 느낄까'라고 생각하니 좀 쑥스러웠다.

이 모습은 이 나라에서는 2차대전 이후에 사라졌다. 조국을 감히 조국이라 떳떳하게 부르지도 못하는 독일인에게 우리가 그 이름을 찾아주기라도 하려는지. 민족의식이라고는 눈 씻고도 찾아볼 수 없는 나라에 와서 살면서 공식 행사마다 애국가와 국기에 대한 경례를 순서에 집어넣는 한국인의 근성이 대단해 보였다. 그런데 거기다가 독일 국가와 국기까지. 과하다는 생각이 드는 것은 어쩔 수 없었다.

한국인에게 우리라는 말은 여전히 편안하고 정겨운 말이다. 지금 세대에는 있지도 않을, 민족주의를 통한 학살의 역사를 떠올릴 필요도 없다. 그래서 '우리'는 여전히 한국인에게 좋은 말로 남았나 보다.

하지만 그 아름다운 '우리'를 지키기 위해서는 더불어 사는 세상도 진지하게 생각해야 한다. 한국은 더 이상 약자의 나라가 아니다. 외국인 노동자와 어울려 살 수밖에 없는 것 또한 현실이다. 이제 먹고살 만한 나라가 된 이상 우리도 얼마든지 잔인한 강자가 되어 약자를 파멸의 길로 몰아갈 수 있다. 독일인이나 일본인의 몸속에 악마의 피가 흘렀던 것은 아니다. 누구나 그렇게 될 수 있다. 나 자신을 너무 사랑하면.

독일 교장선생님은 '땜빵용' 교사

"엄마, 어제 우리 반 아이들 둘이 싸우다가 교장선생님한테 불려갔는데 두 시간 동안이나 혼나고 반성문까지 써오라고 했대."

"뭐! 교장선생님이 말썽 피우는 아이까지 벌주는 거야?"

"몰랐어? 수업시간에 떠들고 말 안 들으면 무조건 교장실 행이야. 아이들이 제일 무서워하는 한마디가 바로 '너 교장실 가고 싶어?'라는 말이고."

"교장선생님이 무섭긴 무섭니?"

"이유도 없이 대들다가는 퇴학감인데 당연히 무섭지."

저녁시간에 큰아이와 수다를 떨다가 독일에서도 학생들이 가장 무서워하는 사람이 교장선생님이라는 사실을 새삼 알게 되었다. 그런데 근엄한 교장선생님이 아니라 각 반에서 사소한 문제를 일으키는 말썽

꾸러기까지 모두 상대한다고 하자 좀생원 같은 느낌이 들어 약간 실망했다. 교장선생님이라면 왠지 학교가 떠들썩할 정도로 큰 사건이면 모를까, 수업시간에 떠든 아이들이나 훈계하는 일을 해서는 안 될 것 같았다. 뒷짐지고 느릿느릿 복도를 걸어가면서 '흐흠!' 헛기침만 해도 절로 고개가 숙여지는 분이 교장선생님인데 허구한 날 아이들 벌이나 주는 일을 한다고 생각하니 우습기까지 했다.

한국의 교장선생님이 생각났다. 보수적이고 권위적인 한국의 교육 풍토, 그 높은 벽을 무너뜨리기란 옛날이나 지금이나 쉽지 않은 것 같다. 지금은 많이 달라졌겠지만 내가 중고등학교를 다니던 7,80년대만 하더라도 교장선생님은 감히 학교 내에서 누구도 똑바로 바라볼 수 없는 높은 위치에 있는 분이었다. 학생들은 교장선생님을 월요일 조회 시간에 운동장에서 목소리 한 번 듣는 것으로만 만났고 나머지는 가끔 수업시간에 감시라도 하듯 복도를 지나가는 모습이 전부였다.

독일 사회에서 두 아이를 키우다 보니 종종 한국과 독일 선생님을 비교하게 된다. 특히 신선한 느낌으로 다가온 것은 교장선생님이었다. 처음으로 독일 교장선생님을 만난 것은 10년 전 큰아이가 초등학교에 입학할 때였다. 학교를 방문한 첫날 나는 서무실에서 원서를 접수하려고 기다리고 있었다. 때마침 50대 중반의 서무과 직원이 직접 서류를 써주면서 친절하게 설명해 주었는데 접수가 거의 끝났을 무렵 그 분이 교장선생님이라는 사실을 알게 되었다. 그날 서무과의 담당 직원이 아파서 결근을 했기 때문에 대신 입학 안내를 하고 있다는 것이다.

독일에서 교장은 학교에서 가장 바쁜 사람이다. 다른 교사들과 마찬가지로 담당 과목 정규수업은 물론이고 교사들이 결강이라도 하면 보강수업에도 들어가고 나머지 시간에는 학교 행정도 책임진다. 행사가 있으면 직접 발로 뛰면서 크고 작은 일을 도맡아 처리해야 한다. 또 문제 학생을 선도하는 것까지 교장선생님의 몫이다 보니 몸이 열 개라도 모자랄 지경이다.

물론 교장선생님은 학교 행정을 겸하기 때문에 평교사보다 수업 일수가 적다. 그러나 그 때문에 결원만 발생하면 소위 '땜빵용' 교사 역할은 가장 많이 한다. 작은아이 담임선생님이 임신으로 잦은 결근을 일삼을 때도 그나마 아이들이 정상적인 학교생활이 가능했던 것은 동분서주하면서 빈 시간을 채워준 교장선생님 덕분이었다.

교사들은 골치 아픈 일을 모두 교장선생님에게 떠밀어 버린다. 예를 들어 어떤 아이가 교사에게 대든다거나 말썽을 피우면 무조건 교장선생님에게 보낸다. 만일 아이들끼리 싸우다가 다쳐서 한쪽 부모 가 항의나 고소를 하면 문제는 더 복잡해진다. 그러면 일일이 두 학생의 부모를 만나 설득하고 중재해야 한다. 우리 아이가 다니는 김나지움은 한 반에 약 35명 정도의 학생들이 한 학년에 다섯 반 혹은 여섯 반으로 나뉘어 있다. 5학년부터 13학년까지 계산하면 2,000명 정도의 학생이 다니고 있으니 문제를 일으키는 학생은 좀 많겠는가.

한국과 독일 사회의 다른 점 중 하나는 직장에서 지위에 관한 인식이다. 한국에서 승진을 하면 통제와 결정권이 보다 광범위해지고 무거운 책임감이 부과된다. 육체적인 일보다는 정신적인 노동이 더 늘어난다는 의미다. 그러나 독일 사회의 '라이터'라고 하는 책임자의 의미는 선임자로서의 권한을 지니는 동시에, 자기 아래 있는 모든 직원들의 일을 대신 해낼 수 있어야 하고 뒤치다꺼리까지 맡아야 한다. 월급을 많이 주는 만큼 철저하게 부려 먹는다는 생각이 들 정도로 부하직원의 몇 배에 해당하는 일을 해내야 한다.

학교도 예외는 아니다. 교장의 업무가 많다는 것은 보수와 권위 이전에 많은 것을 시사한다. 우선 서무과에는 직원이 많이 필요없다. 2,000여 명의 학생을 관리하는 서무과에는 교장과 교직원 두 명이 전부다. 또한 작은아이가 다니는 초등학교는 한 사람의 서무과 직원이 두 학교를 책임지고 있기 때문에 약속을 하고 찾아가지 않으면 쉽게 만날 수 없다. 당연히 직원이 없는 시간의 행정은 모두 교장의 몫이다.

교장이 이렇게 바쁘기 때문에 평교사는 자신의 본분인 가르치는 일에만 충실할 수 있다. 월급 봉투의 두께가 부끄럽지 않을 만큼 발로 뛰는 교사가 바로 독일 교장선생님이 아닐까 하는 생각이 든다.

초등학교 4학년에
진로가 결정된다는데

독일 학부모들은 초등학교 3학년 2학기부터 최대 관심사가 진학이다. 6년제인 베를린이나 브란덴부르크 등 몇몇 주를 제외하고는 대부분 초등학교를 4년제로 채택하고 있다. 독일 학교에서 4학년은 우리나라 중학교 3학년처럼 인문계와 실업계는 진학을 결정하는 중요한 학년이다. 우리처럼 단순히 초등학교를 졸업하고 중학교에 입학하는 차원이 아니다. 중요한 문제인 대학을 가느냐 못 가느냐가 여기서 거의 결정된다. 물론 인생의 방향를 너무 일찍 결정하는 건 아닌지 의문을 제기할 수도 있다. 독일 사람들도 이 제도에 불만이 있긴 한데 적극적으로 바꾸려고 노력하지는 않는다. 이렇게 중요한 문제가 큰 소란 없이 계속 유지된다는 것이 놀라울 따름이다.

우리가 사는 노드라인베스트팔렌 주 역시 초등학교가 4학년에 끝난다. 졸업하면 김나지움(인문계)이나 실업학교인 레알슐레, 하우프트슐레 중에서 진로를 정해야 한다. 말이 초등학교 4학년이지 원서에 4학년 1 학기 성적표를 첨부하기 때문에 그때까지의 성적으로 그의 인생이 결정된다고 볼 수 있다. 물론 실업계로 간다고 해서 유동성이 전혀 없는 것은 아니다. 실업계 학교에 진학했다가도 6개월 후에 김나지움으로 옮길 수 있고 김나지움에 진학했던 아이도 수업을 따라가지 못하면 6학년이 끝나고 레알슐레나 하우프트슐레로 전학을 해야 한다.

이론적으로는 그렇지만 한번 결정하면 옮긴다는 것이 그렇게 쉽지는 않다. 숫자상으로도 전학을 하는 아이는 한 반에 한두 명 정도로 그리 많지 않다. 독일 학교에서 한 반에 한두 명은 항상 유동적이다. 낙제나 월반 제도가 있기 때문이다.

그런데 더 놀라운 것은 진로를 결정하는 데 성적이 최우선이 아니라는 사실이다. 성적도 기준이 되지만 그보다는 담임교사의 소견이 가장 중요하다. 다분히 주관성이 개입될 수도 있어 경우에 따라서는 심각한 문제를 유발할 만한 제도다. 물론 성적이 아주 뛰어나거나 고민의 여지가 없이 뒤처진다면 분명하게 선을 그을 수 있지만 애매할 때는 선생님의 판단이 결정적인 역할을 하게 된다. 이 나라는 특별한 변화가 없는 한 초등학교 4년 동안 한 선생님이 가르치기 때문에 경우에 따라서는 학생에 대해 부모보다 담임교사가 더 잘 알 수도 있다.

한국에서라면 주관적인 판단에 근거해서 한 아이의 인생이 좌우된다는 것은 상상도 할 수 없는 일이다. 이 문제는 10년이 넘게 아이 둘을 독일 학교에 보내면서도 가장 이해할 수 없는 부분이다. 아무리 독일 교사가 이성적이고 직업에 대한 남다른 소신을 가졌다고 하더라도 호불호가 있는 인간인데 교사의 한마디에 아이의 미래를 맡긴다는 것은 위험천만하다는 생각이 든다. 만일 예상치 못한 결과를 듣게 된다면 수긍하기가 쉽지 않을 것 같다.

아이들은 환경에 의해 사고와 지적 발달도 제한될 수 있는데, 이렇게 이른 결정은 자칫 한 인간의 능력을 잘못 판단할 위험성도 있기 때문이다. 우리나라에서도 고등학교에 가서 뒤늦게 머리가 트여 공부를 잘하는 아이도 적지 않다. 이 나라의 상급 학교 진학 시스템은 그런 기회를 일찌감치 빼앗는다는 생각이 들 정도로 문제가 많아 보인다.

그러나 내 우려와는 달리 독일 부모들은 선생님 의견을 절대적으로 신뢰하는 것 같다. 아이가 약간 못 미치는 성적으로 레알슐레 추천을 받아도 어떻게 해서든지 김나지움에 보내겠다고 우기는 사람을 별로 못 봤다. 여기 부모도 한국처럼 내 아이가 공부 잘하고 많이 배워 잘살기를 원한다. 부모 마음이야 어디를 가나 비슷할 것이다. 그런데 우리처럼 죽어도 대학을 가야 한다고 생각하지는 않는다. '보내고는 싶지만 성적이 안 되면 어쩔 수 없지' 정도로 끝난다. 대학이 아니라도 길은 얼마든지 있다고 믿기 때문이다.

얼마 전 작은아이 친구 엄마를 만나 학교 이야기를 나누었다. 부모는 둘 다 대학을 나왔고 아이는 중산층 가정에서 착하고 예쁘게 잘 자랐다. 그런데 선생님이 아이의 지적 능력이 김나지움에는 적합하지 않으니 레알슐레를 가야 한다고 말했단다. 그 엄마 역시 학교 수업 방식이나 툭 하면 결석을 일삼는 담임선생님에 대해 투덜거렸지만 '할 수 없지'라고 반응했다. 나라면 하늘이 무너졌을 것 같은데 그 엄마는 담담히 받아들였다. 교육에 관심이 많은 줄 알았다가 의외로 장래 문제에 대범함을 보여 다시 한 번 나를 놀라게 했다. '늦었지만 과외라도 해서 성적에 신경 좀 써보라'라고 했더니 자신도 그렇게 하고 싶지만 아이가 싫어한다는 것이었다. 공부보다는 지금 다니고 있는 승마학교와 발레를 더 좋아하는데, 싫어하는 공부를 억지로 시켜서 스트레스를 주고 싶지 않다고 했다. '그건 그거고 공부는 공부지!'라는 말이 목구멍까지 올라왔지만 참았다. 나와 이들의 생각이 너무 다르다는 것은 이미 겪을만큼 겪은 터여서 더 이상 말이 필요없다.

독일 학교에 익숙해질 때도 되었건만 내 사고방식 속에는 역시 대학을 나와야 사람대접 받는다는 생각이 흔들림 없이 버티고 있나 보다. 내가 초등학교 4학년에 진로를 결정하는 이들의 제도를 위험하게 생각하는 것도 대학 진학이 직업교육보다 이상적인 길이라는 전제가 깔려 있기 때문일 것이다.

아이의 꿈을 바꾼 교수 면담

큰아이는 10학년에 하는 교외실습을 앞두고 9학년 때 실습을 지원했던 대학 연구소 교수들과 면담을 한 적이 있었다. 아이는 자신이 교수 세 명과 당당하게 과학에 대한 토론을 한 시간 동안 하고 마지막에는 악수까지 하면서 헤어졌다는 데 큰 자부심을 가지며 자랑스러워했다. 면담 이야기를 듣는 동안 나도 우리 아들이 갑자기 부쩍 큰 것 같다는 느낌을 받았다.

아이가 지원한 곳은 아헨 공대의 물리학과 연구실이었다. 정원 열네명을 뽑는 실습생 모집에 아헨 인근의 많은 김나지움 학생이 지원했지만 대학에서는 성적이나 적성에 맞지 않는다는 이유로 정원보다 모자란 열두 명만 선발했다. 아이는 강의실 한가운데 놓여 있는 의자에 앉아 백발이 성성한 노교수와 독일 과학의 미래에 관해 토론했다고 했다.

참 어이없고 웃기는 일이지만 분위기는 꽤 심각했던 모양이다. 일찍이 그때처럼 아들의 눈이 반짝이고 자신감에 넘치는 것을 보지 못했다. 그런데 2주 동안 필요한 실습생 한 명을 선발하는 데 세 명의 교수가 9학년 아이를 붙들고 한 시간이나 할 말이 있었다니 참으로 놀라웠다.

면담 내용을 자세히 들어보면 실습을 위한 상담만은 아니었던 것 같다. 교수들은 이미 물리학과에서 공부할 영재를 선발하는 데 시간을 투자하고 있었다. 아직은 3년 후의 일이건만 멀리도 내다본다는 생각이 들어 흥미로웠다.

대학의 그런 배려가 시시각각 변하는 아이들에게 얼마나 중요한 영향을 미치는지는 우리 아이를 보면 여실히 알 수 있다. 이 녀석은 당시만 해도 스포츠의학을 공부해서 자신이 좋아하는 탁구와 연관해 그 분야의 권위자가 되겠다고 설치고 다녔다. 제법 현실성 있는 꿈이라는 생각에 우리 부부도 한번 해보라고 찬성의 뜻을 내비쳤다. 그런데 녀석이 교수에게 어떤 유혹을 받았는지 이제는 물리학자가 되는 것이 어떻겠느냐고 다른 소리를 했다. 이랬다 저랬다 하는 모양새에 아직 철이 들려면 멀었다고 느끼면서도 막연히 겉모습으로만 장래희망을 바꾸곤 하던 때를 생각하면 그래도 많이 구체적이고 현실적으로 변한 것 같아 흐뭇했다.

초등학교 1학년 때 우리 아들은 환경미화원이 되고 싶어했다. 길에서 냄새나는 쓰레기를 치우는 미화원이 아니라 반드시 대형 청소 트럭 뒤 난간에 매달려 스릴 있게 이동하면서 일하는 사람이어야 했다. 그러면서 초등학교 아이들이 지나가면 손을 흔들어 주는 멋진 환경미화원이 꿈의 직업이었다. 그 다음은 아침마다 등교 시간이면 교문 앞을 지키며 친절하게 아이들에게 공공질서를 지도해 주던 경찰 아저씨였다. 우리 아들뿐 아니라 경찰은 모든 남자 아이들의 우상이었다. 처음으로 그 아저씨와 몇 마디 나누고 집에 돌아온 날, 경찰과 친구가 되었다며 어찌나 잘난 척을 하던지. 세 번째로 관심을 보이던 직업은 소방관이었다. 독일은 가을이면 '잔드마틴'이라는 등불 축제를 한다. '부처님 오신 날' 행사처럼 어둑어둑해지면 스스로 만든 각종 등에 불을 붙이고 노래를 하며 동네를 한 바퀴 돈 다음 모닥불을 피우고 밤을 밝힌다. 이날이 바로 독일 소방관이 가장 바쁜 날이다. 모닥불을 피우는 곳이면 어디든 소방관 한두 명은 보초를 서고 불 피우는 것을 지도해야 한다. 그때 본 빨간 유니폼을 입은 소방관이 멋있었는지 다음에 크면 반드시 소방관이 되어 그 옷을 입어보겠다고 한 1년은 결심을 다지곤 했다.

그러다가 초등학교 4학년 때 약간 변화가 생겼다. 꿈에 돈이라는 문제가 결부된 것이다. 미술 시간에 일어난 작은 사건 때문이었다. 미술에 남다른 재능을 보였던 같은 반 여학생에게 선생님이 '너는 미술에 소질이 있으니 장차 예술가가 되는 것이 어떻겠니' 하고 물었다. 그랬더니 여학생은 대뜸 '우리 엄마가 그러는데 예술가는 돈을 못 벌어서 안 된대요'라고 대답했단다. 반응을 신기해하면서 한동안 연구에 연구를 거듭하더니 아들의 꿈에는 이제 돈이 함께 자리하게 되었다. 한동안 돈을 많이 버는 직업이 무엇이냐에 잔뜩 관심을 가지기 시작한 것이다. 그러더니 어느 날 내게 '의사는 돈을 많이 벌 수 있느냐?' 하고 물었다. 그 순간 무엇인가 확실한 말을 해줘야 할 것 같다는 생각에 처음으로 아이의 꿈에 참견했다.

나는 돈에 매여 살아도 자식에게는 거짓이라도 올바른 길을 알려 주고 싶었다. '네가 돈을 많이 버는 직업을 원한다면 절대 의사를 해서는 안 된다. 돈을 벌기 위한 의사는 사람을 살리는 것이 아니라 죽일 수도 있다. 진정 돈을 원한다면 다른 직업을 생각해라. 그리고 돈이란 네가 최선을 다했을 때 따라오는 부산물이지 그것이 인생의 목표가 될 수는 없다.' 내가 말하고도 어찌나 멋있게 보이던지 갑자기 나 자신에게 뿌듯한 존경심마저 밀려왔다. 그러고 나서 돌아앉자마자 '어찌하면 돈을 더 벌 수 있을까' 고심하는 나를 발견했지만 말이다.

어쨌든 자식을 위하는 일인데 사기꾼이면 어떠리. 1년 동안은 아이에게 못이 박히도록 그 말을 반복하고 또 반복했던 기억이 난다. 그때 이후론 의사 이야기만 나오면 아이는 습관처럼 '내가 돈을 벌려는 것이 아니라 이러이러해서 의사에 관심이 생긴다'를 서두로 꺼냈다. '흠, 내 가정교육이 성공하고 있구나!' 아주 감격하다가도 옆에서 열심히 밥만 먹고 있는 남편을 보면 '나도 배고파 죽겠다. 밥만 먹지 말고 돈 더 벌어올 연구 좀 할 수 없느냐!'라는 말이 입안에서 맴돌곤 한다. 그러나 자식 앞에서라도 '돈이 최고는 아니다'고 거짓말이라도 할 수 있는 부모라는 것에 작은 위안을 삼고 있다. 그러고 보니 엄마라는 '직업'도 하고 싶은 말을 다 하고 살 수 있는 만만한 직업은 아니라는 생각이 든다.

2주 동안의 실습을 마치고 나서 한동안 우리 아들의 꿈은 물리학자였다. 당시 아이들을 유혹할 만한 다양한 실습 프로그램과 교수들의 애정 어린 관심을 보면서 이번에는 쉽게 바뀌지 않을 것 같았다. 보잘것없는 김나지움 10학년 학생에게 먼 미래를 내다보는 투자를 아까워하지 않듯 원하는 사람에게는 길을 열어 주는 이곳 대학이 독일의 미래를 이끌어가는 힘이다.

잊지 못할 독일 선생님

독일에는 스승의 날이 없지만 매해 스승의 날이 가까워지면 생각나는 선생님이 한 분이 있다. 사바시 선생님! 그분만 생각하면 지금도 가슴이 뭉클해진다. 그녀는 우리 아들에게 처음으로 자신감과 용기를 심어주었고 독일에서 외국인으로서 현명하게 살아가는 방법도 알려 주었다. 진정으로 아이의 앞날을 걱정해 주던, 이곳에 와서 만난 인연 중에 가장 잊을 수 없는 사람이다.

세 살 때 처음 독일에 와서 다섯 살에 초등학교에 입학하기까지 큰아이가 이 사회에 적응한 기간은 2년밖에 되지 않는다. 워낙 수줍음을 타고 겁이 많은 아이라 독일인만 사는 보수적인 동네의 초등학교에 입학시키는 것이 못내 걱정스러웠다. 걱정과는 다르게 1년 동안 어느 정도 적응해가나 싶었는데, 학생 수가 초과되어 2학년 때 학급이 재편성

되었다. 어수선한 분위기 속에서 이번에는 어떤 선생님을 만날지 긴장하며 2학년을 맞이했다.

2학년부터 초등학교를 졸업할 때까지 3년 동안 사바시 선생님은 아들의 담임교사였다. 그녀는 이집트 남자와 결혼한 후 개신교에서 이슬람교로 개종한 흔치 않은 사람이었다. 선생님은 항상 모슬렘의 상징인 히잡을 쓰고 다녔다. 독일인은 히잡을 쓴 모슬렘 여자들을 볼 때면 무언지 모를 편견을 갖는 경우가 있다.

처음 담임을 배정받자 모두들 뒤에서 선생님에 대해 수군거렸다. 하지만 교사가 히잡을 쓰고 교단에 서는 것에 대해 정식으로 불만을 제기하지는 못했다. 독일 엄마들은 히잡에 대한 이야기가 나올 때마다 '그러나 그녀는 독일인'이라고 강조하곤 했다. 종교도 종교지만 이들도 역시 피를 중요시하는 것이다.

우리 아이가 학교에서 중국인이라고 놀림을 받은 일 때문에 처음으로 선생님은 만나게 되었다. 독일 아이는 아시아계는 모두 중국인으로 생각한다. 특히 어린 아이들은 동양인을 보면 '싱샹숑 싱쌍숑 히네진 히네진!' 하며 놀리곤 한다. 1학년 때도 그런 일 때문에 선생님을 만났다. 나는 그 일에 관해서만은 언제나 분명하고 강경하게 의사를 전달하는 편이다. 나는 선생님에게 '우리 아이가 자신의 의지와는 상관없이 놀림의 대상이 되는 것을 원치 않으며 특히 인종을 비하하는 뉘앙스를 가진 말로 장난한다면 용서할 수 없으니 학교 측에서도 그런 아이들을 엄격히 지도해 달라, 하고 당부했다.

1학년 때 담임선생님은 독일 평범한 가정에서 자란 엘리트로 그때 막 부임한 신임 교사였다. 그녀는 자신도 그 문제에 대해서는 아주 비교육적이라고 생각한다며 반 아이들이 감히 우리 아이를 놀릴 수 없도록 엄포를 놓았다. 덕분에 1년 동안은 별일 없이 지나갔다. 그런데 2학년이 되면서 새로운 친구들을 만나자 다시 그 문제가 불거져 나왔다. 나는 1학년 때처럼 초장에 확실하게 해두어야 할 것 같아 학년이 시작되고 얼마지 않아 면담을 신청했다. 그런데 사바시 선생님의 반응은 의외였다. '아이들은 재미로 그렇게 할 수 있다. 내가 강압적으로 그런 장난을 막을 수도 있다. 하지만 그것은 당신 아이를 위해 현명한 방법이 아니다. 아이 스스로 그 장소에서 해결하게 하라', 이것이 선생님이 제시한 방법이었다.

나는 못마땅해하며 '우리 아이는 겁이 많고 내성적이라 겉으로는 대항하지 못하고 속으로만 상처받을 것이다. 당하고 있을 것이 분명하다'라고 주절주절 늘어놓으며 내 주장에 힘을 실어줄 것을 은근히 강요했다. 하지만 선생님은 단호했다. 그리고 내게 다시 한 번 그래야만 하는 이유에 대해 자세히 설명했다. '당신은 언제까지 아이를 위한 보호막 역할을 할 수 있다고 생각하는가. 아이에게 스스로 어려움을 헤쳐나갈 기회를 부여해야 한다. 지금 당장 받는 작은 상처가 두려워서 편안한 환경을 만드는 데 주력한다면 아이는 어려움을 헤치고 세상을 살아 나가는 데 한없이 나약한 어른으로 성장할 것이다. 이 문제는 독일에서 아시아계 외국인으로 살아가려면 앞으로도 얼마든지 일어날 수 있는 일이고 더한 일들도 경험할 수 있다. 집에서의 선택은 당신의 자유지만 나는 아이를 위해 그렇게 할 수 없다'라고 단호히 거절했다. '쿵!' 하고 심장이 떨어지는 소리가 들렸다. 거기까지 미처 생각하지 못한 내 맹목적인 자식 사랑이 한없이 부끄러워졌다.

선생님은 놀리는 친구들을 벌하는 대신 그럴 경우에는 어떻게 대응할 것인가에 대해 자주 우리 아이와 토론했다. 답을 알려 준 것이 아니라 어떻게 하면 효과적일지 서로 의견을 주고받으며 스스로 답을 찾도록 유도했다. 내 앞에서는 아이를 강하게 키우기 위해서 스스로 모든 것을 해결하게 하라고 말했지만 실상 아이를 대할 때는 남달랐다. 반에서 유일한 외국인인 이 동양 아이가 혹시라도 주눅 들지 않을까 하여 수업시간이건 휴식시간이건 항상 칭찬과 격려로 용기를 북돋아주었다.

지금도 우리 아이는 초등학교 때 선생님에게 들었던 '너는 특별하고 남다르다'라는 칭찬이 절대적으로 진실이라 생각하며 살고 있다. 조용한 성격이라 남 앞에 나서서 잘난 척은 못하지만 마음속으로는 늘 독일 아이들을 한 수 아래로 보는 좋지 않은 버릇은 사실 3년 동안 아이를 세뇌시킨 사바시 선생님 영향이 크다.

선생님은 학부모 상담 때마다 집에서는 한국말을 사용하느냐고 확인했다. 보통 독일 교사는 아이들의 학교생활을 위해 가정에서도 반드시 독일말만 써야 한다고 입버릇처럼 강조한다. 만일 아이 성적이 기대에 못 미치면 가장 먼저 묻는 말이 '집에서 독일어를 쓰느냐'이다. 가정에서 독일어를 쓰지 않기 때문에 학교수업의 이해력이 떨어진다는 것이다. 하지만 사바시 선생님은 달랐다. 자기 아이들에게 아버지의 말인 이집트어를 한마디도 가르치지 못한 것이 가장 자책하는 부분이라며 우리 아이가 모국어를 잊어버리지 않도록 정성을 기울일 것을 당부했다.

김나지움에 진학할 때도 한사코 걸어서 등교할 수 있는 집 근처 학교로 보내려는 나를 수차례 불러 설득했다. '이 동네에 있는 김나지움은 너무 평범해서 재능 있는 아이에게 동기를 부여할 수 없다. 멀더라도 외국어 김나지움이나 특성화된 학교를 선택하라'라는 것이다. 결국 이번에도 선생님에게 지고 말았다. 덕분에 아이는 차를 갈아타야 하는 먼 학교에 입학했고 얼마 후 우리 가족은 학교 근처로 이사를 했다. 그러나 시간이 지나고 아이가 학교에 적응하는 것을 보면서 그때의 선택이 옳았다는 생각이 든다.

사바시 선생님은 3년 동안 단 하루도 결석하지 않았다. 한 번은 자전거를 타고 출근하다 빗길에 미끄러져 머리를 다치는 사고를 당했다. 즉시 구급차에 실려 갔고 그날 오후 내내 시력이 희미해지고 오른팔에 마비가 오는 등 뇌에 심각한 손상을 입은 것은 아닌지 의심되어 종합검진까지 받는 지경이 되었다. 다행히 큰 후유증은 없어 며칠만 쉬면 된다는 진단이 나왔다. 그러나 그녀는 의사의 충고를 듣지 않고 다음날 바로 출근을 해서 주변 사람들을 걱정시켰다.

그녀는 독일에서도 흔치 않은 선생님이었다. 처음에는 히잡을 쓴 것 때문에 내심 못마땅해하던 독일 엄마들도 결국 모두 선생님을 칭찬하고 존경해마지 않았다. 외로운 남의 나라에서 그토록 훌륭한 선생님을 만난 것은 우리 아이와 내게 크나큰 행운이었다. 지금도 그녀는 아들의 기억 속에 '이 세상에서 제일 좋은 선생님'으로 자리하고 있다.

작은 키에 파란 눈동자, 언제나 껄껄 웃으며 고개를 끄덕이던 모습. 심각한 문제도 그녀의 입을 통해 나오면 요술이라도 부린 듯이 대수롭지 않게 여겨졌다. 그런 선생님의 목소리가 우리 아이의 가슴속에 차곡차곡 쌓여 독일에서 살아가는 내내 커다란 힘이 되어줄 것이다.

주입식 교육은
위험한 지도자를 키울 수도

얼마 전 큰아이에게 자기 학교 교장선생님 인터뷰를 부탁했다. 내가 직접 할 수도 있었지만 아이가 색다른 경험을 할 기회 같아 특별히 양보했다. 처음에는 약간 긴장했지만 기대했던 것보다 훌륭하게 임무를 완수해서 엄마를 감격스럽게 했다.

열다섯 살밖에 안 된 11학년 학생과 하는 대화였지만 교장선생님은 시종일관 진지했고 실제로 기자를 만날 때처럼 어른 대접을 해주었다며 아들은 어깨가 으쓱해져 들어왔다. 첫 번째 약속 날은 선생님이 갑자기 교육부에 들어갈 일이 생겨 연기했다. 그런데 서무과 직원이 구두로 연락한 것이 아니라 손수 미안하다는 편지까지 남겼다는 얘기를 듣고, 어린 학생과 한 약속이라고 가볍게 여기지 않는 것 같아 고마운 생각까지 들었다.

인터뷰를 하고 나서 아이는 복도에서 인사만 하고 지나갈 때는 별 생각도 해보지 않았던 교장선생님에 대해 새삼스러운 존경심까지 갖게 되었다. 교장선생님은 시종일관 차분하고 느릿하게 이야기했지만 목소리와 눈빛에서 권위와 겸손이 묻어나는 묘한 매력을 가진 분이었다고 한다.

큰아이가 다니는 쿠벤 김나지움의 아돌프 바츠 교장선생님은 정년을 앞둔 64세의 노련한 교사다. 대학에서 독일어, 철학, 신학을 전공했고 교사 생활 40여 년 중 지난 20년을 교장으로 일했다.

선생님은 대학을 입학할 때는 목사를 꿈꾸었다고 한다. 그러나 신학과 철학을 전공하면서 신에 대한 의문이 생겼고 한동안 갈등하다 종교를 버리고 무신론자가 되었다. 졸업 후에는 대학에 남아 독일어와 철학 강사를 하다가 교사가 되었고 1987년부터는 교장으로 학교에 몸담고 있다. 독일은 교장선생님도 일반 수업을 해야 하기 때문에 지금도 독일어와 철학을 가르친다.

선생님은 인터뷰의 처음부터 끝까지 '교육의 가장 중요한 목적은 지식과 인간미를 함께 갖춘 사람을 키워내는 것'이라고 강조했다고 한다. 그는 '우리 사회는 공부를 잘하고 이기적인 사람보다는 공부는 좀 못하더라도 남을 도울 줄 알고 공동체 안에서 이웃을 생각하는 사람이 필요하다'라며 '단순한 지식 교육과 인간 교육, 둘 중 하나를 버리라면 나는 지식 교육을 버릴 것이다'라고 단호하게 말했다. 또한 학업의 방법론적인 면에 대해서는 재미와 자발성, 창의성을 중시해야 한다고 설명했다. 다음은 아이가 들려준 교장선생님의 말이다.

"부모들은 대부분 내 아이가 공부를 잘하기를 원하지요. 그러나 그 방법을 어떻게 선택하느냐에 따라 아이가 자라면서 학문에 임하는 자세가 달라집니다. 첫째, 가장 중요한 것은 흥미를 잃게 해서는 안된다는 것입니다. 동화책을 읽거나 숫자 놀이를 할 때 아이들의 머릿속에 지식을 집어넣으려는 방법만 연구하는 것은 잘못된 일입니다. 어릴 때일수록 아무런 목적 없이 재미로 끝날 수 있도록 유도해야 합니다. 다음으로 중요한 것은 스스로 공부가 중요하다고 느끼게 하는 것입니다. 그런 뒤에야 학업을 통해 인생이 창의적으로 발전할 수 있음을 깨닫게 해야지요."

창의적인 학습법에 대해서는 다음과 같은 예를 들었다.

"예를 들어 시를 배운다고 합시다. 나는 우선 시를 복사해서 각 연별로 잘라내어 섞어서 아이들에게 나누어 줍니다. 그런 다음 그룹을 나누어 서로 토론하면서 각 연을 순서대로 맞추어 보도록 합니다. 토론과 작업이 끝나면 결과를 발표하지요. 학업에 적극적으로 참여하면서 창의적인 사고를 길러 주는 것입니다. 단순한 암기는 기초 과정에만 필요합니다. 기초 지식을 공부한 다음에는 당연히 그것을 정리하고 창의적으로 생각하는 단계가 필요합니다."

선생님은 교사를 하면서 가장 큰 어려움 두 가지에 대해서는 다음과 같이 털어놓았다.

첫째, 가정에서 예절이나 도덕 교육을 제대로 받지 못한 아이를 어떻게 가르쳐야 할지였다. 그는 본래 성격이 유약한 편이어서 이런 아이들을 통솔하는 것이 쉽지 않았다고 한다. 예를 들어 수업시간에 아이들이 종이를 던진다거나 선생님을 무시하고 떠들어도 혼내지 못했던 것이다. 선생님은 자신을 인정하고 존경할 수 있도록 말투부터 시작해서 행동, 결단력에 대해 연구를 많이 했다고 한다. 그러나 이런 모든 노력도 아이들을 사랑하는 마음이 밑바닥에 있어야 성공할 수 있다. 그는 훌륭한 교사가 되려면 우선 아이들을 좋아하는 사람이어야 하고 학생을 이해하기 위해 스스로 노력해야 한다고 강조했다.

두 번째 어려움은 수업 내용을 이해하지 못하는 학생을 어떻게 지도할 것인가에 관한 고민이었다. 선생님은 지금도 이 문제는 가장 큰 어려움이라며 '그런 학생을 정확히 찾아내어 고르게 이끈다는 것이 가장 중요한 문제인 동시에 난관이다'라고 고백했다.

바츠 교장선생님은 한국의 주입식 교육과 치열한 경쟁에 대해서 비교적 잘 알고 있었다. 피사에서 좋은 성적을 보인 한국 교육에 대해 독일 언론도 가끔 언급하기 때문에 생소하지 않았던 것 같다. 다음은 선생님과 우리 아이의 문답을 그대로 옮겨 놓은 것이다.

"선생님은 한국 교육에 대해 어느 정도 알고 계십니까? 아신다면 어떻게 생각하는지 한 말씀 해주십시오."

"한국 교육의 장점은 학부모가 교육에 관심이 많고 학생도 열심히 공부할 뿐만 아니라 대외 평가에서도 수준이 높다는 것입니다. 나는 교육자이기 때문에 대외적인 평가에도 관심을 두는 편이지요. 독일 학생에게서는 도저히 상상도 할 수 없는 시간을 학업에 투자하는 열정은 우리가 배워야 할 점입니다. 지금 독일 교육의 가장 큰 문제는 학부모도 학생도 성적을 위해 별다른 노력을 하지 않는다는 것입니다. 아이 공부에 신경 쓴다는 부모라고 해도 공부하라고 잔소리나 좀 할 뿐이지 한국 부모처럼 함께 아이와 고민하며 적극적으로 문제를 해결하려고 노력하지 않아요. 한국 교육의 경쟁력에 대해 독일도 한 번쯤 진지하게 생각해 보아야 합니다."

"선생님이 아시는 범위 안에서 한국 교육의 문제는 뭐라고 생각하십니까?"

"한국은 사교육 문제가 심각한 수준이라고 하던데 독일은 유사 이래로 그런 문제가 없었고 내가 직접 피부로 느껴 본 상황도 아니기 때문에 그 부분에 대해서는 생각을 함부로 표현할 수는 없습니다. 다만 한국 교육이 너무 치열한 경쟁 때문에 지식과 사고의 깊이를 함께 키울 수 없는 주입식으로 흐르고 있다는 점은 우려스럽습니다. 과목별 수업 진도는 개인의 정신적인 발달 단계와 연결되어야 합니다. 영어나 국어 등 어문 계열이나 사회 과목은 특히 그렇지요. 지식이 고양되면 그만큼 사고도 깊어지고 정신적으로도 성숙해져야 합니다. 그 때문에 독일 시험은 단순히 많이 안다고 해서 좋은 성적을 올릴 수 없도록 출제하는 것입니다. 암기한 지식을 자신의 사고 속에 녹여 올바른 가치관으로 나타낼 수 있어야 좋은 평가를 받지요.”

“주입식 교육의 문제점에 대해 좀 더 구체적으로 말씀해 주시기 바랍니다.”

“학문에서 단순한 지식보다 중요한 것은 창조적인 사고입니다. 오지선다형이나 단답형의 질문은 초급 과정에서는 좋은 문제입니다. 당연히 학교는 아이들에게 기초적인 지식을 가르쳐야 합니다. 그러나 그것은 도입 단계에서 알아야 할 단순 암기형 지식입니다. 진짜 중요한 학습은 이를 토대로 창의적인 사고를 표현해내는 과정입니다. 주입식 학습법은 정신적인 발달을 무시하고 단순 암기와 지식만을 추구하기 때문에 이런 교육 환경에서는 사고의 깊이가 없는 사람도 공부를 잘할 수 있고, 쉽게 성공할 수도 있습니다. 때문에 이기적인 사람이나 명예욕만 강한 사람이 지도자가 될 가능성 또한 높은 것이지요.”

“주입식 교육의 위험성에 대한 한 가지 예를 들어주십시요.”

“이것은 아주 극단적인 예입니다. 있을 수도 없고 있어서도 안 되는 일이지만 예를 들어 대서양에서 해적이 양민 다섯 명을 인질로 잡고

100억 유로를 대통령에게 요구했다고 가정합시다. 이때 머릿속에 지식만 든 대통령이라면 '지금은 경제적으로 힘든 상황이라 돈을 줄 수 없으니 인질을 포기한다'라는 결론을 합리적인 해결책으로 생각할 것입니다. 극단적인 이야기지만 우리 역사 속에는 이와 비슷한 예가 의외로 많습니다. 이런 사람이 지도자가 된다면 모두에게 불행한 일이지요. 히틀러가 바로 그 대표적인 인물입니다. 참된 인성을 갖춘 사람이 성공했을 때만이 진정한 성공이라고 말할 수 있습니다."

"그런데 최근 진행되고 있는 명문 대학 만들기라든지, 학교 자치에서 주 중심으로 이관된 아비투어 등 독일의 교육 개혁 방향을 보면 한국이나 미국식으로 간다는 생각이 듭니다. 독일 교육 개혁이 제대로 진행되고 있다고 생각하시는지 궁금합니다."

"독일은 어떻게 개혁해도 절대 한국이나 미국처럼 될 수는 없습니다. 문화적, 역사적 배경이 다르기 때문이지요. 우리는 이미 그런 교육을 해보았고 결과 또한 뼈저리게 경험했습니다. 2차 세계대전 당시 나치 독일의 기술과 학문은 누구도 부정할 수 없을 정도로 최고의 위치에 있었습니다. 그러나 그것은 인간이 없는 기술과 학문이었지요. 인간적인 사고의 수준이 여기에 미치지 못했다는 이야기입니다. 때문에 아우슈비츠에서와 같은 대학살이 이루어졌던 것입니다. 그런 혹독한 경험을 바탕으로 독일인은 사고의 깊이와 인성이 고양되지 않은 지식인을 키우는 교육을 가장 경계하게 되었습니다. 대외적으로 아무리 교육 수준이 낮게 평가된다고 하더라도 이 부분을 절대로 포기할 수 없다는 데에는 아무도 이의를 제기하지 않습니다."

"마지막으로, 교육의 진정한 목표는 무엇이라고 보십니까?"

"교육은 자신의 인생을 주체적으로 펼칠 수 있고, 문제가 발생하면 스스로 해결점을 찾을 수 있는 사람을 키워내는 일입니다. 해결책을 모색하되 지식만이 아닌 인간적인 측면까지 고려하는 사람이 되어야 하지요. 교육이란 이 둘 중 어느 하나도 버려서는 안 됩니다. 인간이 자립적이면서 창의적으로, 또한 행복하고 만족스러운 삶을 살게 하는 것이 교육의 가장 중요한 목표입니다."

수학 교사가
음악 수업도 한다고요?

한국인은 미술, 음악, 체육 등 예체능 과목을 어떻게 생각할까? 음악이나 체육은 예나 지금이나 별로 관심도 없고 남의 일처럼 여겨지지만 미술은 내게 평생 한으로 남은 분야다. 내가 학교에 다니던 시대에는 편견이 참 많았다. 좋아하면서도 한 번도 그 길을 간다는 생각을 못했다. 그러다 뒤늦게 독일에 와서 시도해 봤지만 결국 건강 문제로 끝내지 못하고 말았다.

그 예체능 과목을 독일 중고등학교에서는 어떤 선생님이 담당할까? 스테판 선생님은 예체능 과목 교사들은 다른 학과보다 특히 능력이 뛰어난 사람이 많다는 색다른 이야기를 들려주었다.

교사면 다 같은 교사지 유독 능력이 뛰어나다는 것은 또 무슨 이야기일까? 물론 공부하는 과정은 같다. 그러나 예체능은 과목의 특성상 실기 학점을 많이 이수해야 하기 때문에 다른 학과보다 커리큘럼이 엄격하고 실기에서 일정한 수준에 도달하기 위한 연습량도 만만치 않다. 거기다 음악이면 음악, 체육이면 체육, 한 학문만 이수하는 것이 아니라 교사가 되려면 두 전공 이상을 이수해야 한다. 세 전공을 이수하는 사람도 있지만 시간상 세 번째 전공은 대학을 졸업하고 별도로 야간대학이나 방송통신대 등에서 마친다.

영어와 독일어, 혹은 수학과 과학 등 유사한 두 가지를 하는 것은 그리 어렵지 않다. 이 방향은 많은 교사가 선호하는 길이기도 하다. 그러나 일반 학과를 전공하는 사람이 예체능을 함께 선택하기 위해서는 용기도 필요하고 스스로 그 분야에 대한 깊은 애정이 없이는 쉽지 않다. 때문에 예체능을 전공하려면 다른 학과보다 특히 부지런하고 빡빡하게 대학 생활을 해야 하는 것이다.

물론 한국도 초등학교는 한 선생님이 전 과목을 가르치지만 독일은 중고등학교 교사도 두 과목 이상을 수업해야 한다. 경우에 따라서는 세 과목까지 가르친다. 스테판 선생님도 본 대학에서는 라틴어와 스포츠를 전공했고 아헨에서 교사 생활을 하면서 야간에 아헨 대학 지리학과를 3년 동안 더 다닌 후 지리까지 가르쳤다. 문법과 독해를 위주로 한 라틴어와 몸을 주로 움직이는 스포츠만 가르치다 보면 세상 돌아가는 이치에 어두워질 수 있고 삶이 지루해지기 때문이었다. 특히 선생님은 우리가 사는 세계에 대해 알고 싶은 생각에 지리를 택했다고 한다.

교사가 세 번째 과목을 하는 이유가 놀라웠다. 승진에 도움이 되는

것도 아니었고 수당이 더 올라가서도 아니었다. 그저 단순히 두 과목
만 하면 직장 생활이 지루하기 때문에, 혹은 순수하게 학문에 대한 호
기심 때문에 일하면서 힘들게 다시 학교를 다닌 것이다.

　내가 아직도 기존 사고의 틀에서 벗어나지 못해서인지 '3,4년 동안
이나 야간대학까지 더 다니면서 고생하는데 정말 아무 보상도 없다는
말이냐?' 하고 몇 번을 되물었지만 학교를 다시 다니는 대부분의 교사
가 자신이 모르던 학문에 대해 알고 싶은 순수한 동기 이외에는 아무
것도 없다고 했다.

　신기해하는 내게 선생님은 오히려 '그럼 뭐가 또 있겠느냐?'라고
반문했다. 스테판 선생님은 40여 년 전 김나지움 교사 생활을 하면서
대학을 다시 다니던 때를 회상하고는 '힘들기는 했지만 덕분에 직장
생활이 모노톤으로 빠지지 않고 풍요로워졌다'라며 그때의 선택이 옳
았다고 해맑게 웃었다.

　큰아이 미술 선생님은 다른 학년에서는 독일어를 가르치고 있다. 주
말에 별다른 약속이 없으면 무조건 파리의 루브르 박물관으로 달려간
다는 그는 멋을 아는 예술가이면서 깐깐한 독일어 선생님이기도 하다.

　리듬을 아는 수학 선생님과 예술가 독일어 선생님, 가장 보수적인
분위기를 풍기는 라틴어를 가르치는 체육 선생님이 우리에게는 좀 생
소하지만 독일에서는 아주 자연스러운 일이다.

"그저 단순히 두 과목만 하면 직장 생활이
지루하기 때문에, 혹은 순수하게 학문에 대한
호기심 때문에 일하면서 힘들게 다시 학교를 다닌 것이다."

독일에서 본
한국 교육

6

대학 못 가도 성공하는 나라

남산 꼭대기에서 돌을 던지면 아마 대학을 졸업한 사람이 맞을 거다. 한국에는 그만큼 대졸자가 많다. 그러나 대학에서 배운 지식을 직업에 연결시켜 일하는 사람은 별로 없다. 우리나라는 고학력으로 인한 직업 만족도 저하 등 많은 문제가 노출되고 있지만 학력 중심의 풍토에서 벗어나는 일은 이미 불가능에 가깝다.

대학을 졸업하지 않아도 대학을 나온 사람보다 더 큰돈을 벌고 남부럽지 않게 승진할 수 있는 직업이 많아진다면 부모 세대보다 현실적이고 영특한 젊은이들의 생각도 바뀌지 않을까. 그런 점에서 나는 대학 졸업장이 없어도 얼마든지 기회가 있는 독일의 직업 제도가 마음에 든다.

우리나라와 비교하면 독일은 고학력 사회가 아니다. 학부형 모임에 참석해도 한 학급 30명 정도의 부모 중 대학을 졸업한 사람은 겨우 두

세 명뿐이다. 유치원 선생님도 대학을 졸업하지 않았고 대학을 나온 간호사도 없다. 은행을 봐도 지점장 한 사람을 제외하고는 모두 대졸자가 아니다. 직업학교 선생님도 대학에서 공부하지 않은 사람이 더 많다. 관공서도 마찬가지다. 물론 책임자나 고위직은 약간 다르지만 그렇지 않은 경우는 굳이 대학을 나온다고 특혜가 있는 것도 아니고 연봉에 영향을 미치지도 않는다.

이 사회가 이처럼 전문 직업인에게 불필요한 학력을 요구하지 않는 것은 전통적으로 내려오는 직업학교가 확실한 역할을 다하고 있기 때문이다. 중세 도제제도에서 이어져 내려온 직업의 오랜 역사와 자부심은 이들의 이름에도 잘 나타나 있다. 독일인의 성은 대부분 조상 직업을 따서 지었다. 유명한 자동차경주 선수인 미하엘 슈마허의 조상은 신발을 만드는 사람이었고 녹색당 소속으로 외무부장관을 지낸 요시카 피셔의 조상은 어부였다. 슈나이더는 재단사, 메쯔거는 정육점 주인, 바우어는 농부, 찜머만은 목수다. 천 년 이상 내려온 성에 오늘날까지 존재하는 직업이 있다는 사실로 이들의 직업 제도가 얼마나 깊이 뿌리를 내리고 있는지 알게 된다.

한국도 얼마 전 독일 직업교육을 모델로 '마이스터 고등학교'라는 직업학교를 신설했다고 들었다. 처음 마이스터고라는 말을 들었을 때는 상당히 황당했다. 만약 독일인이 그 말을 들었다면 어떻게 받아들일지 알 수가 없었다. 마이스터고라는 말도 존재하지 않을 뿐 아니라 마이스터가 고등학생이 넘볼 수 있을 정도로 단순한 자격증도 아니기 때문이다. '마이스터가 되기 위한 준비 단계의 학교'라면 몰라도 '마이스터고'라는 말은 독일에서는 성립될 수 없는 용어다.

우선 마이스터라는 이름부터 고등학교에 갖다 붙이기에는 너무 거창하다. 마이스터는 직업교육에서는 박사 학위와 같은 과정이라고 할 정도로 사회적인 위치도 보장되고 되기까지도 쉽지 않다. 직업교육을 받기 시작한 사람이 처음부터 마이스터가 되겠다고 계획하는 경우는 거의 없다. 우선 '게젤레Geselle'라고 하는 전문가부터 되는 것이 순서다. 이것이 되기 위해서는 10학년이나 9학년의 정규교육을 마치고 3년 동안 직업교육을 받아야 한다. 3년 동안의 교육은 학교중심이 아니라 정식으로 직장에 취직을 해서 이루어지는 교육을 말한다. 취직해서 청소부터 하는, 그야말로 허드렛일을 하며 바닥에서 출발하는 현장 교육이다. 정작 학교는 부수적이라고 볼 수 있다. 분야에 따라 다르지만 일주일에 두 번 정도 직업학교를 방문해서 이론 수업을 받는 것이 고작이다. '레어링Lehriling'이나 '아쭈비Auszubildende'라고 부르는 이들은 더 이상 학생이 아니라 직장인이다.

레어링을 채용할 수 있는 기업은 그 분야의 전문가인 마이스터가 운영하거나 마이스터를 채용하고 있는 곳이다. 마이스터에게만 실습생을 가르칠 자격이 주어지기 때문이다. 봉급은 교통비 정도가 전부다. 기업 입장에서 보면 레어링을 쓰는 편이 비용 면으로 훨씬 이익이고 또 학생 입장에서는 교통비라도 받으면서 배울 수 있으니 상부상조하는 셈이다. 3년간 아우스빌둥이 끝나고 졸업 시험에 합격하면 비로소 '게젤레'

라고 불리는 전문가가 된다. 직업에 따라 명칭이 약간씩 다르기는 하지만 일반적으로 13개 분야에서 은행원, 공무원, 판매원, 제과제빵사, 안경사, 유치원 교사, 원예사, 간호사 등 350여 종의 직업에 종사하는 전문가가 모두 이 직업학교를 졸업한 사람들이다.

마이스터는 게젤레가 된 후 3년의 실무 경력을 더 쌓아야 시작할 수 있다. 결국 마이스터가 되는 데 최소한 6,7년 이상의 세월이 걸린다는 의미다. 이것도 엄청 빠른 경우고 10년이 넘게 걸리는 사람도 많다. 대학을 입학한 사람이 모두 박사가 되지 않는 것처럼 게젤레로 일하는 사람도 누구나 마이스터가 되는 것은 아니다. 독일인이 중산층의 문으로 들어가는 길은 두 가지다. 하나는 대학을 졸업하고 그에 상응하는 직업과 보수를 보장받는 것이고 다른 하나는 직업학교를 나와서 현장에서 갈고 닦은 실무 능력에 전문지식을 겸비한 마이스터가 되는 것이다.

마이스터가 되면 스스로 공장을 설립하거나 실습생을 가르칠 수 있고 직업학교 교사로도 일할 수 있다. 직장에서 대우도 당연히 차별화된다. 대학을 나온 관리직보다 마이스터의 연봉이 더 높은 경우도 많다. 자신의 공장을 운영하는 마이스터들은 수입 면에서도 대학을 나온 전문가 못지않다. 정육점 주인이나 빵집 사장이 의사보다 수입이 더 많은 예는 아주 흔하다.

그러니 직장 생활도 경험해 보지 않은 고등학생이 마이스터가 되겠다고 계획한다는 것이 과연 가능한 일이겠는가. 독일의 마이스터는 길러지는 것이 아니라, 그 직업에 종사하며 스스로 필요하다고 생각할 때

주경야독하며 도전하는 것이다. 이 나라에 훌륭한 마이스터가 많은 이유는 아무런 조건 없이 그저 자신의 일을 좋아하고 재능 있는 사람에게 기회를 부여하기 때문이다.

독일에서도 직업교육을 받는 학생은 대부분 김나지움을 입학할 수 없을 정도로 성적이 형편없는 경우가 많다. 물론 성적이 좋아도 직업전선으로 나가는 예가 없는 것은 아니지만 그런 경우는 흔치 않다. 우리와 마찬가지로 공부에 부담이 없는 사람은 대학 진학을 계획한다. 그러나 한국과 중요한 차이가 있다면 공부에 재능도 없고 좋아하지도 않는 아이들이 대학 때문에 스트레스를 받는 일은 없다는 것이다. 이들은 자연스럽게 아우스빌둥을 선택한다.

한국의 직업교육은 사적으로나 제도적으로나 독일과 같을 수 없다. 그러나 마이스터고가 홍보한 대로 독일식 직업교육을 통해서 인재 만들기를 원한다면 장학금과 기숙사 등 각종 혜택을 줌으로써 우수한 학생을 모집할 방법을 연구할 것이 아니라 제도권 교육에서 낙오된, 갈 곳 없는 아이에게 기회를 주어야 한다. 그들이 직접 기업에서 뼈 빠지게 일하면서 공부하게 한 다음 그 과정을 무사히 통과한 사람에게만 전문가의 길을 열어 주는 것이다. 그런 후 본인의 노력 여하에 따라 계속해서 마이스터의 길을 가게 하고 마이스터가 되었을 때 사회적인 대우가 확실히 달라져야 함은 물론이다. 독일처럼 마이스터에게만 직업교육을 책임지게 하고 관련 사업을 할 때도 마이스터 자격증이 요구되며, 취직할 때도 대학 졸업자와 같은 대우를 해준다면 마이스터고는 자신의 역할을 톡톡히 해낼 수 있을 것이다.

이 학교가 진정 우리 사회의 학벌 의식을 떨쳐내고 인재를 양성하려 한다면 꼴찌만 하는 학생을 데려다가 1등 직업인으로 만드는 일을 성공적으로 수행해야 한다. 우수한 인재를 선발해서 키우고자 하는 고등학교는 지금도 넘치고 넘친다.

독일 선생님의 강력한 교권

　한국 선생님의 교권은 얼마나 보호받고 있을까. 군사부일체라는 말을 지금 학생들은 어떻게 받아들일까. 자유분방하고 개방된 교육을 한다는 미국이나 유럽의 교사보다 진정 더 존경받는지, 선생님의 위치는 어떤지 궁금하다.

　내가 여학교를 다닐 때 선생님들을 생각하면 왜 그렇게 허름한 잠바 차림에 뒷모습이 초라한 남자 선생님이 떠오르는지. 수업시간에도 수시로 복도를 지나다니는 교장선생님 눈치를 보아야 했던 선생님들. 나른한 오후, 학생들 졸음을 쫓기 위해 누군가에게 노래라도 시켰을 때 교장선생님과 눈을 마주치면 무척 당혹스러워 보였다. 우리 수업은 언제나 공개되어 있었다. 누구나 복도를 지나가면 들여다볼 수 있었고 선생님은 항상 지나가는 발소리에 귀를 쫑긋 세워야 했다.

출입문을 제외하고는 쥐새끼 한 마리 들어갈 수 없을 정도로 막혀 있는 독일 교실의 모습과는 대조적이다. 독일 학교의 교실은 어떤 방법으로도 수업을 훔쳐볼 수 없다. 1년 중 수업하는 모습을 볼 수 있는 유일한 때는 신입생을 위해 열린 교실을 운영하는 날이다. 그밖에는 교실에서 어떤 일이 일어나는지 아무도 알 수 없다. 어떤 학교를 가도 모양은 비슷하다. 복도에는 창문이나 조그만 숨구멍도 뚫려 있지 않고 창문은 모두 건물 밖을 향해 있다.

처음에는 이런 모습을 이해할 수 없었다. 도대체 왜 이렇게 실내를 답답하게 만들었는지 궁금했다. 그 후에도 한참 동안 그 의미를 알지 못했다. 몇 년 후 독일 사회의 분위기에 익숙해진 뒤에야 그것이 선생님의 자율적인 수업을 위해 얼마나 중요한 일인지 깨달았다.

독일 선생님의 교권은 베일에 싸인 교실 수업만큼 철저히 지켜진다. 독일 교육의 문제점 중 하나로 교권이 땅에 떨어진 것을 드는 사람들도 있지만 이는 현장을 경험하지 못한 이의 말이다. 가끔 신문에나 오르내리는 극단적인 기사만 읽고는 그렇게 말하는 것이다. 독일의 교권은 무너지지 않았다. 이곳 교사는 체벌이 금지되어 있을 뿐 학생을 가르치고 평가하는 부분에서는 확실한 권한을 인정받는다. 학생을 낙제시킬 수도 있고 또 낙제 위기의 학생이 구제 가능성이 있다면 아주 주관적인 견해로 막을 수도 있다. 도저히 구제 불능이라고 판단되는 학생을 다른 학교로 보내는 최종 결정도 선생님이 한다.

성적 처리에서도 얼마든지 자율성을 인정받는다. 예를 들면 독일어,

영어, 수학 등 중요 과목일지라도 시험 성적만으로 채점하지는 않는다. 선생님의 자율권으로 행사할 수 있는 점수는 전체의 50퍼센트에 이른다. 아무리 시험 점수가 좋아도 수업 태도가 불량하다든지 다른 아이들과 함께 학습하는 데 성실하지 못하다면 제대로 된 성적표를 기대할 수 없다. 간혹 이런 일이 발생하여 선생님을 찾아오는 학부형도 있지만 그럴 때마다 선생님은 시험 점수만으로 성적을 주는 것은 아니라고 단호하게 말한다. 부교재 선택도, 교외활동 여부도 선생님의 자유의사에 맡겨진다.

독일 도심의 오전 풍경은 날마다 학생으로 북적거린다. 어디서나 천년 고적지에서 역사를 공부하는 아이들의 초롱초롱한 눈망울을 만날 수 있다. 오전에 시내에 나가면 이곳저곳에 앉아서 그림을 그리는 아이들, 노트를 들고 무엇인가 열심히 쓰는 아이들, 설문조사를 하는지 지나가는 사람을 붙들고 쑥스럽게 인터뷰를 하는 아이들과 쉽게 마주친다. 도심뿐 아니라 학교 부근에서도 수영 수업을 위해 수영장으로 이동하는 아이들, 박물관 견학을 위해 움직이는 아이들, 음악 선생님과 함께 음악회에 가는 아이들도 볼 수 있다. 이처럼 학생과 선생님은 교실을 벗어나는 일이 수도 없이 많다.

독일 교사가 학생을 데리고 자유롭게 학교 밖으로 나갈 수 있는 용기는 사고에 대한 책임이 상대적으로 작기 때문에 가능하다. 산 교육을 위해서는 현장을 찾아야 하지만 그 과정에는 항상 사고의 가능성이 있다. 하지만 사고가 무서워서 아이들을 학교 안에만 가둔다면 죽은 교육이 될 수밖에 없다. 우리나라 교육이 현장을 도외시하고 교실 안에만 갇혀서 이루어지는 가장 중요한 이유 중 하나도 바로 교사에게 권한은 주지 않고 책임만을 강요하는 사회적 분위기 때문이다.

몇 년 전 영국에서는 교사가 학교 밖에서도 학생들의 규율을 바로 잡을 수 있도록 하는 제도가 도입되었다. 학생이 말을 듣지 않을 경우 '적당한 완력'을 써서 제지하는 권한을 준다는 내용으로, 체벌이 금지되고 인권이 철저히 보장되는 선진국에서는 획기적인 개혁안이었다. 세계의 문명을 주도했던 나라 영국이 '사회적 존경 회복 운동'의 일환으로 구시대적인 문구를 첨가한 것이다. 이는 교권이 바로 서지 않고는 사회를 바로 세울 수 없다는, 오랜 세월 실패와 성공을 반복해 온 경험에서 나온 결론으로 보인다.

한국 현대 교육은 영국과 비교하면 이제 유년기에 불과하다. 다른 나라의 제도를 그대로 우리에게 적용시킬 수는 없지만 역사의 흐름을 눈여겨볼 필요는 있다.

체벌을 금지하는 것은 당연하지만 우리나라도 교사에게 책임만을 추궁할 것이 아니라 소신을 가지고 교육 활동을 이끌 수 있도록 확실한 교권을 보장해 주어야 한다. 창의적인 교육을 위해 가장 먼저 지켜져야 할 것은 교권이다. 선생님의 이상이 교육에 반영되기 위해서는 수업의 자율권과 책임 한계가 법적으로 보호받아야 한다.

그러나 지금 한국 교육계는 교원평가제를 두고 설왕설래하고 있다. 지난 세월 한국이란 나라에서 학교를 다녔던 사람이라면 돈봉투에 얽

힌 선생님의 비리와 무성의한 수업 태도를 경험하지 않은 사람이 드물 것이다. 그들이 바로 이 시대의 학부모이고 그 때문에 더 간절히 제도적 장치를 원하는지도 모른다. 그럼에도 나는 교원평가제의 위험성이 우려스럽다. 교사의 질이 교육의 질로 이어진다는 것은 백 번 맞는 말이나 교실을 장악한 시장경제 원리에 허물어져가는 사제지간의 정이 더 메마르지 않을까 두렵다.

빈대 잡으려다 초가삼간 태운다는 말처럼 몇몇 잘못된 교사를 바로 잡기 위해서 소신을 가진 대다수 선생님이 학생의 눈치를 봐야 하는 상황은 상상만 해도 슬프다. 만일 내가 그런 교단에 서 있다면 연극 무대의 슬픈 피에로가 생각날 것이다.

과외 없는 독일 학생들의
영어 실력

얼마 전 우리나라가 영국 이민영어인증시험IELTS에서 20개 국가 중 19위를 했다는 기사를 읽고 놀란 적이 있다. 세계에서 미국으로 가장 많이 유학생을 보내는 나라, 세계 최다의 토플 응시자를 배출하는 나라 치고는 한국의 위상이 너무 어처구니없었다. 영어를 위해 한 해 15조 원의 사교육비를 쓰고도 국민 영어 능력이 최하위권이라니 도대체 어디서부터 잘못된 걸까.

그렇다면 단 한 번의 과외도 없이 순수하게 학교 교육에만 의지하는 독일 학생들의 영어 수준은 어떨까. 독일인에게 영어 공부란 한국인이 일본어나 중국어를 배우는 것만큼 쉬운 일이지만 공부하는 과정은 우리보다 결코 쉽지 않다.

독일은 김나지움 5학년 때부터 영어를 시작한다. 몇 년 전부터는 종일반 수업의 시행과 함께 3학년으로 앞당겨지기는 했지만 아직까지는 형식적일 뿐이고, 본격적인 교육은 여전히 5학년부터라고 해야 옳다. 우리 아이가 공부하는 김나지움은 소위 한국의 특수 목적고와 같은 '빌링구알'이란 외국어 학교다. 인구 26만 정도의 소도시에 세 개의 빌링구알 김나지움이 있다. 이 중에서 두 곳은 프랑스어 김나지움이고 우리 아이가 다니는 곳은 영어 학교다.

학교 수업에서 영어가 차지하는 비중은 당연히 높다. 5학년 시간표를 보면 독일어 수업은 주중 네 시간인 반면 영어는 여섯 시간이 배정되어 있다. 또한 7학년이 되면 사회 과목 중 지리를 영어로 수업하고 학년이 올라갈 때마다 정치, 역사 등 새로운 영어 과목이 추가된다.

영어를 시작하고 1년이 지난 6학년 때 우리 아이의 영어 수준은 이미 독일 말을 전혀 못하는 영국 선생님의 수업을 따라갈 정도로 듣기와 회화에 문제가 없었다. 6학년 수준의 문법과 어휘 내에서는 자기소개나 편지, 간단한 의견을 쓰는 데도 별 어려움이 없어 보였다.

아이가 독일에서 만족스러운 영어 교육을 받고 있어도 한국 사람이라면 한국적인 평가에도 관심을 갖기 마련이다. 나도 예외는 아니어서 또래의 한국 아이들과 수준 차이를 알고 싶어서 궁리하던 중에 모 외국어고등학교에서 주관하는 국제영어대회에 독일에서도 참가할 수 있다는 정보를 들었다. 영어 성적이 언제나 상위권이었을 뿐 아니라 수업 일수 등을 따져 보아도 한국 아이들보다 실력이 나을 것으로 예상되어 초등 5,6학년용 기출 문제집을 구해 풀어보게 했다.

결과는 의외였다. 아이는 시험을 시작할 때부터 아는 단어가 몇 개 없다며 투덜거리더니 간신히 100점 만점에 50점 정도의 점수를 받았다. 너무 어처구니없는 점수였다. 아무리 독일 학교의 수준이 낮다고 하지만 반에서 가장 높은 점수를 받는 아이가 한국에서는 낙제 수준이라니. 나 스스로 정확한 판단을 내릴 수 없어 아이에게 책을 들려 영어 선생님께 보내 평가를 부탁했다.

며칠 동안 꼼꼼히 읽어 본 선생님은 한마디로 도대체 기준이 어디에 있는지 모르겠다는 말을 전해왔다. 문법은 독일에서 영어를 처음 시작하는 5학년 1학기 정도의 수준이고 어휘는 10학년 정도의 수준이라는 것이다. 도대체 이 문제를 푸는 아이들의 수준이 어느 정도인지 가늠할 수 없다고 했다.

또한 초등학교 5, 6학년이면 기초 글쓰기, 문법, 회화 등을 위주로 공부할 시기인데 오지선다형 독해 문제를 푼다는 것이 이해되지 않는다고 했다. 그러면서 이 문제를 풀 수 있는 학생이 글쓰기와 문법, 회화 등 기초적인 공부를 이미 끝냈는지도 궁금하다고 했다.

선생님은 오지선다형 문제 자체에 대해서도 부정적인 견해를 가지고 있었다. 오지선다형으로는 대략의 수준을 알 수 있을 뿐 학생 실력을 정확하게 평가하기 어렵다는 것이다. 몰라도 정답을 맞힐 확률이 20퍼센트니 학생의 문제가 무엇인지 어떻게 알겠느냐며 자신의 생각까지 아이에게 자세히 들려주었다. 작문과 회화를 위주로 수업하는 독일 학교 저학년 영어 교육과는 판이하게 다른 문제를 보고 선생님이 이해하기 어려운 것은 당연했다.

독일은 영어를 배우기 시작하면서부터 알고 있는 단어 양에 맞추어 텍스트를 쓰는 연습을 한다. 단어를 먼저 많이 외워 두고 적절한 어휘를 골라 가며 작문을 하는 것이 아니라 열 개의 단어를 배우면 그 단어를 활용하여 자신의 의견이 들어간 글을 써낼 수 있어야 한다. 수준만 낮을 뿐이지 논술과 말하기를 중심으로 한 수업이라는 것은 독일어와 같다.

영어를 시작한 지 5개월밖에 되지 않은 5학년 1학기말 영어시험 문제를 보면 잘 알 수 있다. 총 네 문제 중 두 문제는 어휘와 문법에 관한 테스트다. 그리고 3번 문제는 '일주일 중 내가 가장 좋아하는 요일에 관하여 often, usually, sometimes 등의 부사를 넣어 쓰시오.'이고, 4번은 '그림에 있는 보기 중 세 개 이상의 물건을 사려고 한다. 슈퍼마켓에서 쇼핑을 할 때 손님과 점원 사이에 오가는 대화를 쓰시오.'이다.

김나지움 저학년이기 때문에 문법, 어휘 문제가 고루 출제되었지만 학년이 올라갈수록 독일어와 마찬가지로 쓰는 문제의 비중이 점점 많아지다가 8학년 정도가 되면 문법과 어휘 문제는 사라진다. 독일어든 영어든 논술을 못하면 점수를 잘 받는 것은 아예 불가능하다.

10학년 때 큰아이에게는 미국인 친구가 있었다. 그 아이와 영어로 이야기하는 것을 들으면 우리들이 독일어와 한국어를 하는 사람이라는 것을 잠시 잊을 때가 있다. 단 한 번의 과외도 없이 이렇게 된 것은 영어와 비슷한 독일어를 사용한다는 점도 물론 작용했겠지만 수준 높은 학교 교육의 효과도 빼놓을 수 없다.

독일 선생님은 아이들이 정말 이해하지 못하는 내용을 번역해 주는 것을 제외하고는 영어로 수업을 진행한다. 또한 지리, 정치, 역사 등의 사회 과목을 순수하게 영어로 가르칠 능력도 있다. 우리 아이가 다니는 김나지움에서 7학년부터 시작되는 영어로 진행되는 사회 과목 수업은 모두 이 학교 영어 선생님이 담당한다.

이제 한국도 예전과 달라진 영어 교육을 한다지만 독해와 어휘 중심의 수업은 아직 그대로인 것 같다. 영어 교육의 성과를 위해서는 평가 방법의 변화가 선행되어야 한다. 이를 하루아침에 기대할 수 없다면 각종 영어 대회나 학교 이외에서 시행하는 평가 시험만이라도 바람직한 방향으로 출제되어야 할 것이다. 그럴 때 한국 영어 교육도 실용적인 방향으로 나아갈 수 있지 않을까.

독일과 한국 교과서
동화를 비교하니

　얼마 전 모 출판사에서 '독일 교과서에 나오는 동화'라는 책을 기획하고 있다며 책 선별과 번역 작업을 의뢰했다. 독일 초등학교 교과서를 제대로 볼 기회도 되고, 그동안 수박 겉핥기식으로 읽었던 동화를 번역까지 하면서 자세히 읽을 수 있을 것 같아 흔쾌히 받아들였다.

　독일은 통일된 국정교과서가 없기 때문에 같은 학년이라도 학교에 따라 내용이 다른 경우가 많고 주 별로도 차이를 보이기 때문에 선별 작업만도 간단한 일이 아니었다. 초등학교 전 학년을 모두 합치면 수십 권은 되었다. 이리저리 고심하다가 결국 작은아이 학교 교장선생님에게 부탁해 교사용으로 비치된 책을 빌려 보았다.

　어린이 동화인데도 처음 한두 편부터 흥미로웠다. 대부분의 글이 기발한 아이디어도 돋보였지만 아이가 읽으면 정말 재미있을 내용들이었다. 그러다 우리나라의 교과서에 나오는 동화는 어떤 수준일까 궁금해서 마침 아이들 한국어 공부를 위해 구해 둔 초등학교 저학년 읽기 책 몇 권을 펼쳤다. 그러나 우리말임에도 재미있게만 읽을 수 없었다. 읽다 보니 나도 모르게 주제가 무엇인지 생각하고 있었던 것이다. 동화는 아주 짧은 글조차도 묵직한 교훈을 주려고 노력했다.

'교과서에 나오는 글은 당연히 그래야 하는 것이 아닌가'라고 생각할지도 모른다. 나도 예전에는 그랬으니까. 그러나 아이들이 이런 내용을 통해 동화의 묘미를 즐기면서 공부할 수 있을지 의문이 들었다. 내가 보기에는 주제와 소재를 찾고 그 글을 통해 배울 점이 무엇인지 정답을 맞히는 교재 이상은 아니었다. 어떤 글은 그럴 듯하게 출발하는 것 같았지만 결국 끝마무리는 어른의 잣대로 정확히 정리해 주었다. 더이상 아이가 상상의 날개를 펼칠 기회는 없었다.

이것과 반대로 독일 교과서의 창작 동화들은 규칙에 얽매이지 않았다. 무조건 아이가 재미있어할 만한 작품을 선택했다는 점이 두드러지게 들어왔다. 재미있게 읽다가도 교과서에 대한 고정관념을 버리지 못해서 그래도 혹시나 알맹이가 있지 않을까 찾아보았지만 아이들의 상상력을 자극하고 재미를 주는 것에서 더 나아가지 않았다.

물론 독일 교과서도 우화는 권선징악적이다. 초등학교 저학년부터 아이들은 동물을 의인화시켜 이야기를 전개하는 등 우화의 요소를 학습한 후 자신이 직접 써보는 방식으로 수업을 받는다. 이처럼 우화는 엄연히 장르가 나누어져 창작 동화와는 다른 학습 목표를 갖는다.

그런데 한국 교과서에 나오는 동화는 모두 우화류의 글이었다. 순수하게 재미 위주로, 혹은 터무니없는 상상력에 의존해서 쓰인 글은 없었다. 그런 대전제가 사방을 막고 있으니 재미있는 내용이 나오기란 쉽지 않을 것이다. 사실 이러한 견해는 나 같은 사람이 함부로 말하기 조심스럽다. 아동학자나 동화작가, 교과서 편집위원 등 쟁쟁한 전문가들이 고심하고 또 고심한 내용일 텐데 비전문가가 대충 읽어 보고 평가한다는 것 자체가 무리다. 그러나 누구나 책을 읽고 리뷰를 쓸 수 있는 것처럼 순수하게 독자의 입장에서 생각해 볼 수는 있다. 특히, 비슷한 연령대의 두 나라 아이들이 배우는 책을 비교하니 예전에 보이지 않았던 부분이 확연히 눈에 들어왔다.

'왜 우리나라 교과서에 나오는 동화는 재미없을까?' 곰곰이 생각하다 보니 아직도 학교에서 의식 교육을 해야 한다는 사고에서 벗어나지 못했기 때문이라는 결론에 이르게 되었다. 우리 교과서에는 애국심, 권선징악, 체제에 대한 순종 등의 이념적·교훈적인 글이 가득하고 이 때문에 아이들의 사고까지 굳어진다.

독일 교과서에 나오는 동화는 내용도 재미있지만 글을 모두 읽고 나서도 '과연 그 다음에는 어떤 일이 벌어질까?' 하는 생각이 멈추지 않는다. 수업시간에는 동화에서 내용이 어떻게 전개될지 토론도 하고 직접 뒷이야기를 써보기도 한다. 요즘에는 우리나라 동화도 재미있어졌고 아이들의 상상력에 날개를 달아줄 훌륭한 글이 얼마든지 있다. 문제는 교과서에 부담 없이 수록하는, 어른들의 열린 사고이다.

학생 두발 단속
폐지해야 하는 이유

프로스트의 '가지 않은 길'은 누구나 한 번쯤 들어본 유명한 시다. '노란 숲 속에 길이 두 갈래로 났습니다. 나는 두 길을 다 가지 못하는 것을 안타깝게 생각하면서, 오랫동안 서서 한 길이 굽어 꺾여 내려간 데까지, 바라볼 수 있는 데까지 멀리 보았습니다……'로 시작되는.

시인은 남이 가지 않은 길을 선택한 자부심을 가지고 있으면서도 가지 못한 다른 길에 대한 아쉬움과 호기심을 노래했다. 아무리 스스로 선택한 길을 걷더라도 사람은 누구나 가지 않은 길에 대한 아련한 미련을 안고 산다.

그런데 만일 스스로 내린 결정이 아니라 강요에 의해 다른 길을 갈 수밖에 없었다면 '가지 못한 길'에 대한 느낌은 막연한 아쉬움과 호기심이 아니라 분노와 한으로 남을지도 모른다.

여학교를 다니던 30년 전을 떠올리면 검정 교복에 풀 먹여 빳빳하게 날이 선 하얀 칼라, 귀밑으로 1센티미터를 조금 넘은 단발머리만이 그려진다. 학창 시절 기억은 언제나 똑같은 머리에 똑같은 교복의 모노톤이다. 일탈이라고 해도 겨우 약간 짧은 교복 치마나 머리핀을 꽂지 않아 몇 가닥 흘러내린 앞머리 정도였다.

그렇게 해서 자신이 남과 다르다는 것을 표현하고 싶어하는 아이는 '날라리'라고 낙인이 찍혀 주변의 따가운 눈총을 받았다. 방과 후 학교 정문에서 쏟아져 나오는 아이들을 멀리서 보면 컨베이어벨트의 까만 옷 입은 인형들 같았다.

그런 획일화된 세월에서 이제 30여 년이 흘렀다. 한국은 경제적으로나 사회적으로 눈부시게 발전했고 바야흐로 다양성의 시대를 향유하고 있다. 세계에서 가장 빠르게 변한 나라 중의 하나일 것이다. 그러나 30년 전부터 지금까지 변하지 않은 것이 있다면 학생의 인권인 것 같다. 하루 종일 집과 학교와 학원과 도서관만을 오락가락해야 하는 숨 막히는 전쟁은 옛날보다 더 심해져 자유를 구속당하고 있고, 두발단속도 여전히 존재한다.

30년 전에도 불만이 많았던 두발 단속을 지금까지 하는 이유는 무엇일까? 청소년에게 자기 신체조차 마음대로 할 수 없도록 규정한 어른들이 무엇을 요구하는지 생각하면 답답해진다. 탈선, 학습 방해 등등 이유는 있다. 걱정하는 마음을 이해 못하는 것은 아니다. 특히 한국처럼 청소년기의 가장 큰 임무가 공부인 곳에서 이를 위해 곁가지는 단호히 쳐내야 한다고 생각할 수 있다.

그런데 중요한 것은 '두발 단속이 과연 어른이 생각하는 것만큼 청소년 탈선을 예방할 수 있는가?'이다. 단속을 완전히 풀면 아이들은 정말 위험한 환경에 놓이게 될까? 그렇다면 초등학교 1학년부터 13학년까지 두발이나 외모, 화장이나 옷차림 등에서 아무런 규제도 없는 독일 아이들이 어떻게 건전하게 학교생활을 해나가는지 의문이다.

독일 중고등학교 주변에서는 고만고만하고 비슷한 모습의 아이들이 우르르 쏟아져 나오는 한국 학교와는 너무 다른 모습이 펼쳐진다. 여러 민족이 모여 있는 나라다 보니 키만 해도 개인차가 커 천차만별이고 5, 6학년만 되어도 화장에 귀걸이, 목걸이는 보통이고 조금 학년이 올라가면 머리는 빨갛고 파랗게 염색한 펑크 스타일에, 입술과 혀에 피어싱을 한 아이도 눈에 띈다.

한국식으로 생각하면 과연 저런 아이가 정상적으로 학교에 다닐 수 있을까 의심이 들 정도다. 그런데 신기하게도 평범하게 학교생활을 한다. 외모에 대한 자기 표현만 다를 뿐이지 그런 아이일수록 오히려 보통 학생보다 더 순진하고 수줍음을 타는 경우도 많고 유독 공부를 못하는 것도 아니다.

얼마 전 우리 큰아이 반에서는 큰 뉴스거리가 있었다. 파란 머리에 코와 입술에 피어싱을 하고 귀에는 주렁주렁 귀걸이를 하고 다니던 여학생이 어느 날부터인가 피어싱을 빼고 머리가 차분해지더니 마침내 아주 평범한 모습으로 나타나더라는 것이다. 이유를 물었더니 '이제는 재미가 없어져서'였다고 한다.

누가 말리지 않아도 할 만큼 하고 나면 별 흥미를 못 느끼는 경우도 있고, 그렇게 외모에 치장을 하고 다녀도 공부에 전혀 방해받지 않을 수도 있다. 큰아이 반의 그 여학생은 성적에서 항상 상위권을 유지했다. 그런 모습을 개성으로만 생각하면 별 문제될 것은 없다. 지나친 규제 때문에 탈선하고 싶었던 사람도 막상 완전한 자유가 주어지면 흥미를 잃을 수 있다.

외모에 대한 규제가 전혀 없는 독일 학교에서도 대부분 평범하고 깔끔한 차림을 하지 눈에 띄게 하고 다니는 아이는 흔치 않다. 어른들의 지나친 걱정으로 인한 규제가 아이의 일탈 욕구를 더욱 자극할 수도 있다. 청소년은 어른이 생각하는 것보다 훨씬 더 성숙한 자아를 소유하고 있음을 잊지 말자.

자신을 책임지기에 너무 어리다고만 단정하지 말고 독일처럼 아이들의 판단을 믿고 맡기면 어떨까? 그것이 더 긍정적인 결과를 가져올 수도 있다. 최소한 공공 화장실에서 옷 갈아입고 화장한 뒤 어른 행세를 하는 학생은 없어질 테니까.

한국인 가는 곳엔
사교육도 함께 간다

프랑크푸르트에 사는 한 친구로부터 내 글이 한국인에게는 전혀 해당되지 않는다며 현실성이 없는 것 아니냐는 비판을 들었다. 그 친구뿐만 아니라 실제로 프랑크푸르트 교민 중에 내 글을 보고 '독일 아이가 과외를 하지 않는다는 말은 거짓말'이라며 따지는 사람도 있었다.

사실 독일에서도 교민이 비교적 많이 거주하는 프랑크푸르트나 뒤셀도르프 등의 한국 학생은 여전히 공부에 치여 한국에서처럼 바쁜 생활을 한다. 고액 과외에 학원에 정신없이 산다고 하니, 교육하기 좋은 이 나라에 살기만 할 뿐 전혀 혜택을 누리지는 못하는 것이 안타깝다. 게다가 어떤 지역은 선생님에게 퍼붓는 선물 공세도 만만치 않아 독일 교사의 버릇까지 나쁘게 들이는 경우도 있다고 한다.

아이들은 학원이다 과외다 하루 종일 바쁘고 엄마들은 몇 년을 살아도 독일어라고는 한 마디도 못하고 명품만 사러 다니다 돌아가는 경우가 허다하다는 이야기도 들었다. 나는 교민이 많은 도시에 산 경험이 없어 잘 모르지만 '몇 년을 여기 살면서도 독일어 하나 제대로 배워가는 주부가 드물다'라는 말을 믿을 수가 없었다. 그러면서도 아이들 키우는데 문제가 없다니 신기한 일이지만, 독일 학교가 아닌 영어로 수업을 하는 학교에 보내기 때문에 가능하다고 한다.

그 이야기를 들으며 독일 학부모들을 생각해 보았다. 특별히 성적이 부진한 학생을 제외하면 아이들이 사교육을 받지 않기 때문에 이들에게 부모의 도움은 절대적이다.

독일에서도 공부 좀 한다는 아이들의 부모를 보면 저학년 때부터 남다른 정성을 기울인다. 그 정성이라는 것은 우리처럼 사교육에 의지할 수 없기 때문에 돈으로는 해결이 안 되니 더 어려울 수도 있다. 아이의 공부를 위해서는 부모도 계속 공부해야 하고 진득하게 앉아서 숙제도 함께할 자세가 되어야 한다.

사교육 시장이 활성화되지 않은 특성 때문에 부모의 역할이 더욱 강조되는 것이 독일 교육의 특성이다. 그런 면에서 한국 부모는 돈만 있다면 독일보다는 편하게 뒷바라지하는 게 가능하다고 말할 수도 있겠다. 최고로 만들어야 한다는 욕심 때문에 어려운 것이지 거기서 벗어날 수만 있다면 한국이 한결 수월할지도 모른다. 교육 때문에 초긴장 상태로 사는 한국 엄마들에게 돌 맞을 수도 있지만, 어쨌든 돈이 있으면 상당부분이 해결되는 한국이 편할 것 같은 생각이 들어서 해본 말이다.

같은 한국인에다 차로 두세 시간이면 닿을 거리에 살면서 너무 다른 교육 환경에 놓여 있다는 생각을 하면 신기하다. 교육하기 이토록 좋은 독일에서 아이나 부모나 여유를 가질 수 있다면 좋으련만 몇 년 후 다시 한국 학교의 경쟁 속으로 돌아가야 한다는 부담감이 사람들을 그렇게 만드나 보다. 누구도 탓할 수 없는 슬픈 현실이다.

독일 조기 유학을 물어오는 사람들에게 나는 한국 사람이 모여 사는 곳으로는 보내지 말 것을 당부하곤 한다. 그렇게 교육시킬 거라면 굳이 독일까지 와서 외화를 낭비하며 아이들에게 똑같은 고생을 시킬 필요가 있겠느냐는 것이 내 생각이다. 독일에서 생활하고 독일 학교에 아이를 보낸다고 해서 이들의 문화를 알고 이들처럼 살 수 있는 것은 아니다.

한국인은 어디에 살든 명문 학교에 대한 환상을 버리지 못한다. 내가 살고 있는 아헨이라는 도시는 한국인이 그리 많지 않지만 이곳에서도 여전히 한국 엄마들은 어느 학교가 좋은지 관심을 기울이고 틈만 나면 과외를 시키려고 궁리한다.

미국이나 호주에서도 한국인이 사는 곳에는 학원이 판을 치고, 미국 입시 시험인 SAT를 겨냥해 죽도록 공부한 한국 학생이 최고득점자가 되었다고 자랑한다는 것은 잘 알려진 사실이다.

같은 독일에 살면서도 독일에서는 사교육이 필요없다는 내 글이 거짓말이라고 우기는 한국인이 있다는 것은 우리 교육의 궁극적인 문제가 무엇인지 보여주는 좋은 예다. 경쟁 위주의 교육에 길들여진 부모들의 의식이 사교육 바람을 일으키는 것이다. 아무리 좋은 제도가 도입된다고 해도 부모의 생각이 바뀌지 않는 한 사교육에 의해 좌우되는 한국교육은 지금 모습 그대로일 것이다.

사교육 잠재우려면
명문대가 없어져야

한동안 한국에서는 사교육을 잠재운다는 이유로 외국어고등학교를 폐지한다고 시끄러웠다. 그러나 그런다고 사교육이 얼마나 잦아들까? 내가 중고등학교에 다니던 30년 전에도 사교육은 문제였다. 나는 전두환 씨가 사교육을 없애겠다고 법으로 과외를 금지시킨 시대에 대학에 진학했다.

그런데 법으로 과외가 금지되자 '비밀과외'라는 것이 탄생했다. 불법으로 은밀하게 과외를 하다 보니 교사에게 위험수당까지 지불해야 했기에 가격도 더 비쌌고, 또한 법망을 피할 자신감과 재력이 있는 사람만이 감히 꿈꿀 수 있었다. 힘 없는 사람들은 잡혀갈까 무서워 순종했으니 결국 과외금지법은 서민 발목만 잡는 꼴이 되었다. 물론 머리가 뛰어나게 좋으면 과외 없이도 명문 대학을 가는 데 별 문제가 없지만 어

영부영 중간층에서는 비밀과외를 하고 안 하고 여부에 일류냐 이류냐
가 결정되었던 것이다.

외고 폐지야말로 30년 전 과외금지법이나 그동안 수없이 바뀌고 또
바뀐 제도처럼 근본 문제는 방치한 채 입시 당사자인 청소년과 부모만
희생시키는 꼴이 될 수 있다. 한국에서 외국어고등학교는 명문대 진학
의 발판으로 인식되었기 때문에 문제가 된 것이지 아이들에게 적성에
맞는 다양한 학문의 기회를 제공하기 위해서는 더없이 좋은 제도다.

외고를 없애느니 자율형 사립고를 만드느니 아무리 발버둥을 쳐도
명문대학이 존재하는 한 한국의 사교육 열풍은 잠재울 수 없다. 이 문
제의 진정한 해결점을 독일 교육제도에서 찾아보면 어떨까.

2009년 '〈더 타임스〉 세계대학평가'에서 독일은 강대국 중 유일하
게 50위 안에 든 대학이 하나도 없었다. 비영어권만을 예로 들어도 서
울대학이 47위를 했고, 중국 칭화대가 49위, 일본은 무려 3개 대학이 들
어 있고 프랑스도 2개 대학이 포함되었다. 독일은 뮌헨 대학이 겨우 55
위를 함으로써 국력과 비교해 어이없는 결과를 나타냈다. 20세기 초 학
문 선진국이라고 자부하던 독일 교육계에 충격을 안겨 주기에 충분했다.

그러나 수치상의 결과로는 참담해도 독일 교육제도를 알고 보면 당
연하다는 것을 알 수 있다. 당연한 것이 아니라 이런 교육제도를 운영하
면서 100위 안에 네 개나 되는 대학이 들어갔다는 것이 놀라울 정도다.

서울대가 47위를 했고 독일은 뮌헨대가 그보다 못한 55위를 했지
만 이 결과는 단순비교 할 수 없다. 서울대는 한국 최고의 수재를 한 곳

에 모아 집중적으로 투자하여 얻어낸 결과이지만 뮌헨대는 몇몇 학과가 유명한 평범한 대학일 뿐이다. 그 몇몇 학과도 다른 지역 대학의 같은 학과와 별다른 차이가 난다고 볼 수 없다.

대학의 평준화는 전체 독일 대학의 수준을 끌어올리는 데도 중요한 역할을 한다. 2009년 〈더 타임스〉의 세계대학평가의 순위 분포에서 50위 안에 든 대학은 없지만 500위 안에는 무려 41개 대학이 이름을 올렸다. 우리나라가 12개 대학, 프랑스가 20개, 일본이 30개, 중국이 10개, 교육 선진국이라는 핀란드가 겨우 6개라는 것과 비교하면 독일이 영어권인 미국과 영국 다음으로 월등하다는 것을 알 수 있다.

독일에 치열한 경쟁도, 우리와 같은 사교육도 존재하지 않는 것은 명문 대학이 없기 때문이다. 명문 대학을 가기 위해 특목고를 갈 필요도, 죽자사자 1등을 할 이유도 없다. 결국 사교육 한 번 받지 않은 아이들이 전국에 있는 대학에 고르게 진학하여 학교의 수준을 평균 이상으로 유지하는 데 기여하는 것이다.

우리도 이제는 사교육을 잠재우겠다고 입시제도만 흔들 것이 아니라 그 원인을 제공하는 명문 대학의 존폐를 고려해 보아야 한다. 전국의 특목고를 모두 폐지하는 것보다 몇몇 명문 대학이 사라지는 것이 더 효과적이다. 명문 대학이 존재하는 한 아무리 입시 제도를 열두 번 뒤집었다 엎었다 해도 탁상공론에 그칠 것이 분명하다.

물론 명문 대학이 없어지면 그에 따르는 또 다른 문제가 발생하는 것은 어쩔 수 없다. 독일처럼 국제 경쟁력에서 높은 평가를 받는 대학이 줄어들 것이고, 또 의대 등의 몇몇 인기학과에 지나치게 많은 인재가 몰려 기초과학 분야가 취약해질 수도 있다. 나도 독일에서 명문 대학이 없기 때문에 나타나는 부정적인 면을 적잖이 보아왔다. 그러나 그것은 명문 대학이 존재함으로써 감수해야 하는 악순환과 비교하면 충분히 해결의 실마리를 찾을 수 있는 문제다.

과연 서울대의 수준이 한국 국민 삶의 질을 대변할 수 있을까? 50위 안에 든 대학이 하나도 없는 독일 사람들은 교육 문제로 우리보다 더 힘들게 살지 않는다. 서울대 하나를 세계 47위 대학으로 만들기 위해 온 나라 사람이 그 태풍의 눈을 중심으로 휘둘리면서 연간 20조 9천억 원의 사교육비를 쏟아 부은 경제적 손실을 생각하면 얻은 것보다 잃은 것이 더 많을지도 모른다.

독일 교육을 통해 '경쟁에서 벗어나면 학교 교육은 깊이가 더해지며 더불어 청소년 삶의 질은 향상된다'라는 진실을 배운다. 명문 대학이 우리 청소년의 삶을 피폐하게 한다는 사실을 잊으면 안 된다.

외국어고 낙방생 어머니의
눈물을 보며

자식이 상처받고 좌절하는 모습을 옆에서 지켜보는 어머니의 마음
은 얼마나 무너져 내릴까. '눈에 넣어도 아프지 않다'라는 말이 있다.
동서고금을 막론하고 자식에 대한 부모의 사랑은 가난하다고 해서 덜
하지도, 부자라고 해서 더하지도 않을 만큼 지극하다.

외국어고등학교를 낙방하고 일반학교에 진학한 여학생이 심한 후유
증을 이겨내지 못하고 방황하다가 학교를 자퇴하고 급기야 심리치료까
지 받았다는 소식을 들었다.

외국 유학을 준비하고 있다는 그 소녀는 중학교 3학년 때까지만 하
더라도 반에서 1등만 했다고 한다. 그런데 초등학교 4학년 때부터 입시
학원이다 그룹 과외다 잠시도 쉬지 못하고 준비했음에도 외고에 불합
격한 것이다. 동심을 책 속에 묻은 채 잃어버린 세월도 억울하겠지만 일

류가 보장되지 않는 미래에 대해 자신감이 없었기 때문에 더욱 좌절했나 보다.

어머니의 고백은 가슴을 울린다. 그녀는 당시 논란이 되었던 '외고 폐지'에 대해 이렇게 말했다. "1년 전만 해도 외고 폐지는 말도 안 된다고 생각했어요. 하지만 지금은 달라요. 최소한 아이들을 성적순으로 줄 세우고 그게 마치 '행복의 순서'라도 되는 양 사회적으로 착각하는 짓은 그만뒀으면 하는 바람입니다."

이 어머니는 '눈에 넣어도 아프지 않을' 딸자식을 희생시키고 진실에 눈을 뜬 것이다. 만일 아이가 무사히 외고에 입학했다면 절대 알 수 없었을지도 모른다. 이 사실은 외고에 당당하게 합격해서 한껏 어깨를 펴고 있는 부모들도 진지하게 고민해 볼 문제다. 당신의 아이도 경쟁에서 언제까지나 승승장구할 수만은 없다. 언젠가는 이 어머니처럼 패배의 눈물을 흘릴 수도 있다는 사실을 알아야 한다. 그것은 내가 될 수도 있고 내 자식이 될 수도 있고 손자 손녀가 될 수도 있다. 경쟁 사회에서는 누군가 반드시 패배자가 되어야 하기 때문이다. 고등학교, 대학교, 직장까지 철저하게 피라미드로 깎아 세운 최정상의 자리에 인재 몇 명을 올리기 위해 얼마나 많은 사람이 패배자로 전락해야 하는가.

독일인이 만일 이 소식을 들었다면 전혀 이해하지 못하고 엉뚱한 소리만 해댈 것이 불을 보듯 뻔하다. 대학도 아닌 고등학교 입시의 실패가 이렇게 큰 충격을 주었다는 사실도 놀라워하겠지만 한 번의 실패로 2류 인생이 될까 두려워한다는 것을 이들은 아마 도저히 모를 것이다.

독일 청소년이 자주 하는 농담이 있다. "공부하기 싫으면 정치 해!" 독일 정치인은 대부분 청소년 시기부터 자신이 지지하는 정당에 가입하여 바닥부터 꾸준하게 봉사하며 정치 수업을 쌓아간다. 우리처럼 공부만 하던 우등생이 어느 날 갑자기 낙하산을 타고 내려와 정치판에 뛰어드는 예는 흔치 않다. 그런데 그 중에는 공부는 하기 싫고 사회 돌아가는 꼴도 영 마음에 들지 않아 우왕좌왕하다가 정당에 가입해서 활동하는 청소년도 있다. 그러다 정치가 자신의 적성에 맞는다는 것을 발견하고 현장에서 열심히 배우고 터를 닦아 시장이 되고 하원의원이 되고 장관이 되는 것이다. 이런 세태를 빗대어 아이들이 농담을 곧잘 한다.

그런데 중요한 것은 문제아로 출발한 정치인이 결코 모범생보다 못하지 않다는 사실이다. 독일의 유명한 터키 출신 연방의원인 쳄 외츠데미어도 청소년 시절에 공부는 항상 바닥을 맴돌았고 망나니에 문제아였다고 한다. 실업학교 중에서도 가장 성적이 뒤떨어지는 학생이 모이는 하우프트슐레에 진학했지만 지금 그는 누구보다도 유능한 정치인이 되었다. 그가 만일 한국에서 외국인 노동자의 자녀로 자라며, 그것도 학교 성적은 꼴찌를 독차지하는 문제아였다면 지금과 같은 영광이 찾아오기 쉽지 않았을 것이다. 이런 사회이다 보니 시험에 한 번 떨어졌다고 인생이 끝난 것처럼 낙담할 필요도 없다. 우리에게는 아직 요원한 이야기로 들린다.

의식이 바뀌지 않는 한 아무리 훌륭한 법과 제도가 세워진다 하더라도 한국 교육은 변하지 않을 것이다. 우선 우리 마음속에 깊이 자리하고 있는 1등에 대한 열등감, 일류를 동경하는 마음을 버려야 한다. 명문 대학을 나온 사람이 불쾌하게 생각할 정도로 말이다.

나는 독일에 살면서 인간의 진정한 능력과 재능은 성적으로 판단할 수 없다는 예를 너무나 많이 보아서 자연스럽게 고정관념이 변해가고 있다. 장사를 잘하는 사람, 기술에 탁월한 재능을 보이는 사람, 정치를 잘하는 사람, 운동을 잘하는 사람 등등 이들이 모두 공부를 잘할 필요는 없다. 그리고 우리 모두 함께 가는 것이지 그 중 누구 하나를 꼭대기에 세우기 위해 나머지가 존재하는 것은 아니다. 우리 하나하나는 모두 존귀한 생명체니까.

출결사항 내신 성적
반영은 인권침해

"선생님, 양호실에 좀 다녀올게요."

아랫배를 움켜쥐고 울상을 짓는 친구를 바라보던 남자 선생님은 멋쩍은 표정을 지으며 알면서도 모르는 척 고개를 끄덕인다. 보나마나 생리통이리라. 이는 여학교 교실에서 흔하게 볼 수 있는 장면이었다. 아무리 아파도 배를 움켜쥐고 학교에 나오지 결석하는 사람은 드물었다.

요즘은 여학생이 생리통으로 결석했을 경우 학교장의 확인을 받으면 출석으로 인정받는 생리 공결제라는 제도가 생겼다고 한다. 예전과 비교하면 이제 학생도 권리를 가진 한 인간으로 대접받는다는 생각이 들어 다행스럽기는 하다. 하지만 생리통으로 학교에 출석하지 못해 병결 처리되는 일이 왜 인권침해로 이어지는 것인지, 출결이 내신에 반영되지 않았다고 해도 인권침해 운운하는 일까지 있었을지 생각해 보면 어떤가.

한국에는 개근상이라는 것이 있다. 나도 학교 다니는 동안 개근상 하나는 빼놓지 않고 받았다. 그러나 독일에서 아이들을 학교에 보내며 생각해 보니 개근상은 정말 어처구니없는 상이었다. 어떻게 6년 혹은 3년 동안 감기 한 번 걸리지 않고 학교에 출석 도장을 찍을 수 있었을까. 당시 나는 감기몸살 정도는 병으로 여기지도 않았고 아랫배를 도려내듯 아픈 생리통도 참아야 한다고 생각하며 이를 악물고 버텼다.

눈이 오나 비가 오나 감기에 걸리나 몸살이 나나 학교에 가는 것을 당연하게 여겼고, 몸이 아파도 공부를 위해 견디면 성실하다고 칭찬을 아끼지 않는 분위기였다. 학교 다닐 때는 그것이 옳다고 생각했고 한 번도 그 일에 인권까지 연결시켜서 생각한 적은 없었다.

하지만 지금 떠올리니 그것은 가장 기본적인 인권이 침해당한 상황이었다. 만일 계속 한국에 있었다면 나도 어지간한 감기몸살에는 아이를 학교에 보냈을 것이고, 무의식중에 건강보다는 성적이 떨어지는 것을 더 두려워했을 것이다.

독일 학교는 몸이 아파서 결석하는 일에 토를 다는 사람은 아무도 없다. 그뿐 아니라 머리에 이가 있다거나 감기 등 전염병에 걸린 학생은 등교하고 싶어도 못한다. 다른 사람을 감염시킬 수 있다는 이유로 출석이 원칙적으로 금지되고 다시 출석할 때는 병이 나았다는 의사의 진단서를 지참해야 한다. 부모가 전염병에 걸린 아이를 유치원이나 학교에 보내는 것은 다른 사람에게 피해를 주는 행위로 간주하여 도덕적으로도 지탄받는다. 그러다 보니 간단한 감기에도 열이 나면 집에서 쉬어야 한다. 출결 사항과 내신 성적은 당연히 연관성이 없다. 자의든 타의든 결석이 그 아이의 성실성이나 학교생활을 측정하는 기준이 되지는 못한다는 말이다.

직장에서도 마찬가지다. 긴급하고 중요한 일이 산더미처럼 쌓였다 하더라도 감기몸살을 참아내며 일하는 사람은 거의 없다. 직장 상사든 누구든 그 일에 대해서는 함부로 문책하지 못한다.

이러한 건강 최우선주의가 사회 곳곳에 적지 않은 부작용을 일으키는 것은 사실이다. 하루 결근은 의사의 진단서 없이도 가능하기 때문에 얼굴에 철판만 깔면 멀쩡한 사람도 아프다며 하루 쉴 수 있다. 또한 병원에서 엄살을 피우며 과장된 진단서를 끊는 얌체족도 있다. 학교도 마찬가지다. 교사의 병결 때문에 일주일에 결강이 서너 시간 생기는 경우가 허다하다. 이처럼 심각한 문제가 드러나지만 인권을 침해하지 않는 범위 내에서 해결점을 찾기가 쉽지 않은 듯 지금까지는 구체적인 방안을 마련하지 못하고 있다.

여학생을 위한 생리 공결제는 국가인권위원회가 건강권 및 모성보호 차원에서 적절한 사회적 배려를 하도록 교육인적자원부에게 관련 제도 등을 보완토록 권고했기 때문이라고 한다. '생리로 결석한 여학생에 대해 병결로 처리한 것은 인권침해'라는 국가인권위원회의 주장이 얼핏 보아서는 여성의 인권을 보호하는 것처럼 보이지만 이것은 인권침해를 방지하는 제도라기보다 입시에서 내신성적을 공정하게 반영하기 위한 법으로 보인다.

건강으로 인한 결석이든 집안 사정으로 인한 결석이든 왜 출결이 내신에 반영되는지 이해할 수 없다. 출결로 그 사람의 성실성을 평가하는 일이 과연 옳은 일인지 국가인권위원회는 진지하게 고민해야 한다. 출결을 내신에 반영하는 자체가 인권을 직접적으로 침해하는 일이라는 사실을 고려하기 바란다.

한국 같은 교육 풍토에서는 출석 사항을 내신에 포함시키지 않아도 대부분의 학생이 학교에 나가려고 할 것이다. 그런데 건강보다는 공부가 우선이라는 잘못된 생각에 제도를 통해 당위성까지 부여해 준다면 우리 아이들의 건강은 누가 책임질까. 그것이 얼마나 큰 인권침해인지는 생각해본 일이 없는지 궁금하다.

최저학력제로
체육계 병폐 바로잡겠다고?

 체육계에 만연한 병폐를 바로잡기 위해 학생 운동선수가 일정 수준의 성적에 도달하지 못하면 경기 출전과 선수 등록을 제한한다는 '최저학력제'를 추진한다는 발표를 들었다. 체육계 일부에서는 이에 대해 선수들의 경기력 저하를 우려하는 목소리가 높다고 했다.

 '최저학력제'는 잘못된 관행을 고치려는 응급 처방으로 보이지만 빗나가도 한참 빗나간 발상이다. 100명 중 90등이라니, 100등이나 90등이 도대체 무슨 차이가 난다는 것인지 알 수가 없다. 성적 만능주의자의 머리에서 나온 대안이란 겨우 성적으로 경계를 정해서 뭔가를 해보자는 것인데 이건 아니지 않나. 그러면 100명 중에서 89등은 경기에 출전할 수 있고 90등은 아무리 운동을 잘해도 경기에 출전할 수 없다는 것인가.

이런 식의 졸속 정책은 효과를 보기는커녕 운동 하나로도 벅찬 선수들에게 거추장스러운 일 하나만 더 만드는 결과를 초래할 것이다. 안 그래도 좋은 점수를 얻기 위해 금품이 오가는 현실에서 더 큰 부작용도 만만찮게 발생할 것이다. 신문에서 선진국에서 최저학력제가 있다고 이 제도의 당위성을 응원했는데 다른 나라는 몰라도 독일에는 없는 제도다. 독일 스포츠계가 한국처럼 문제가 없으면서도 제대로 돌아가는 이유는 간단하다. 독일은 운동만 해서는 돈을 벌 수 있는 가능성이 적다. 물론 축구처럼 인기 종목은 상대적으로 기회도 많고 시장도 넓어서 다르지만 여타 비인기 종목은 프로 선수가 된다고 하더라도 그것으로 밥 먹고 살기는 힘들다.

독일에서 탁구만 해서 생계를 해결하는 사람은 독일 최고의 탁구 선수인 티모 볼을 비롯해서 몇 명 되지 않는다. 그럼 한국 탁구 선수는 어떨까. 과연 실업 팀에서 선수를 하면서도 과외로 아르바이트를 해야 먹고살 수 있을 정도로 궁색할까? 정확하게는 모르지만 그렇지 않을 것이다. 독일은 분데스리가 선수라도 잘나가는 몇 명을 제외하면 다른 아르바이트를 병행해야 한다. 그러니 탁구에 미치지 않은 사람에게는 메리트가 없는 직업이다.

밥을 적게 먹어도 하고 싶은 사람들만 모여드는 곳이 독일 스포츠계다. 운동을 해서 큰돈을 벌겠다는 생각은 애초에 없는 스포츠맨들이고, 좋아한다는 이유 하나로 끝까지 간다. 좋아하는 것과 먹고사는 일이 별개이니 돈벌이 걱정을 놓을 수 없고 당연히 생존을 위해 기본적인 공부는 포기할 수 없는 것이다.

이는 독일 체육 기금이 엘리트 스포츠보다 생활체육을 후원하는 쪽으로 더 많이 쓰이고 있기 때문이다. 엘리트 스포츠에 대한 푸대접과 비교하면 생활체육에 대한 지원은 지나치게 풍족하다. 우리가 사는 인구 26만의 아헨이라는 소도시만 해도 300평방미터 정도의 소규모 체육관이 64개나 되며 700평방미터 체육관이 4개, 1200평방미터가 넘는 대규모 종합 체육관이 8곳이나 된다. 이 모든 시설이 각 스포츠 클럽에 무료로 제공되니 돈으로 계산하면 천문학적 액수일 것이다.

최저학력제에 대한 체육계 관계자의 반응은 더 한심하다. 한국이 올림픽 등에서 세계 10강까지 오른 데에는 엘리트 스포츠의 힘이 컸다며 '공부와 운동을 병행하려면 국제대회에서 금메달 소식을 듣기는 어려울 것'이라는 협박성 발언까지 나왔다. 그런데 올림픽 10위에 오른 것이 국위를 대체 얼마나 선양했을까?

독일에서 평가하는 금메달은 우리 생각과 완전히 다르다. 독일인은 중국 같은 나라에서 가져간 금메달은 수많은 인권유린 속에서 탄생했다며 비웃는다. 올림픽 기간 중에도 연일 혹독한 훈련 속에 유년을 유린당하는 어린이 모습을 방영하며 인권을 들먹이는 사람들이다. 그래서 어른 아이 할 것 없이 중국 운동선수들의 비인간적인 트레이닝을 화제삼곤 했다.

한국은 거대한 중국에 가려 다행히 스포트라이트를 받지는 않았지만 별반 다를 바 없다. 독일인의 냉혹한 평가를 보며 '금메달의 개수가 선진국을 말하는 것이 아니라 선진국에서 금메달이 많이 나올 뿐'이라는 진실이 더욱 확고해졌다.

현재 우리나라와 같은 상황에서 올림픽 종합 성적 7위라는 기록은 영광스러운 훈장이 아니라 부끄러운 흔적에 불과하다. 이제 금메달 이야기는 좀 그만 들었으면 좋겠다. 금메달보다 더 중요한 것이 무엇인지 아직도 모른다는 생각이 들어 답답할 따름이다.

전혀 다른 수렁에 빠진
한국과 독일 교육

이번 인터뷰는 그 어느 때보다 공감대를 형성하기가 쉽지 않았다. 나는 한국 사교육에 관한 문제점을 그에게 이해시키고 사교육이 전무하다시피 한 독일의 예와 함께 바람직한 방향의 토론을 원했다. 그러나 사교육의 폐단을 아무리 설명해도 그는 이해하지 못했다. 한국인에게 사교육 없는 독일 교육을 아무리 설명해도 확실히 믿지 않는 것처럼 그도 마찬가지였다. 고개를 끄덕이기는 했지만 정확히 문제가 어디에 있는지는 끝내 찾아내지 못하는 것 같았다.

한 가정에서 부담하는 어마어마한 사교육비를 예로 들며 문제의 심각성을 설명하고자 했으나 그는 그 돈이 어디에서 나오는지 이해할 수 없다며 동문서답을 했다. 그러면서 독일인이 사교육을 시키고 싶어도 못하는 이유를 수치를 들어 설명했다.

독일 중산층 평균 월급은 2,000~3,000유로(340~510만 원 정도)라고 한다. 그런데 만일 아이가 유급의 위기에 처해서 일주일에 한 시간 과외를 받는다고 가정하면 시간당 평균 20유로 정도를 지불해야 한다. 이는 한 달에 80~100유로가 되고 만일 세 과목이라면 300유로인데 '어떻게 사교육비로 몇 백유로나 지불할 수 있겠느냐'라며 수치상 불가능하다고 주장했다.

우리는 못 먹고 못 입어도 교육에는 투자한다고 하니 오히려 그런 분위기가 부럽다고 또 엉뚱한 대답을 했다. 선생님은 아이 사교육을 위해 휴가를 포기하는 일은 평범한 독일인은 상상도 할 수 없다며 사교육이 성행하지 못하는 것은 독일 제도권 교육이 충실해서일 수도 있지만 교육에 대한 학부모의 무관심 때문일 수도 있다고 설명했다.

"독일 교육의 문제는 학부모의 지나친 무관심 때문에 일어나는 경우가 많습니다. 물론 관심 있는 부모도 당연히 있지만 대부분 적극적으로 아이 교육을 위해 애쓰지 않아요. 아이에게 맡겨두는 편이지요. 교사의 입장에서는 아이들이 성적 때문에 문제가 있을 때 부모의 적극적인 대응이 간절하게 필요하다고 느낍니다. 그러나 많은 독일 부모는 '아이가 하기 싫다는데 어떻게 하라는 말이냐. 나는 하기 싫다는 공부를 강제로 시키면서 아이에게 스트레스를 주고 싶지 않다. 공부가 인생의 전부는 아니다'라고 그럴 듯한 교육관까지 내세우며 소극적인 자세로 나옵니다. 이것은 못 배우고 가난한 부모의 이야기가 아닙니다. 자신은 대학도 나오고 배울 만큼 배운 중산층 가정의 부모도 아이 교육에 대해서는 천하태평인 경우가 많습니다. 나름대로는 신념을 가지고 있지요. 공부가 전부는 아니라는 것입니다. 우리 이웃만 봐도 부모는 모두 대학을 나와 사회에서 어느 정도 위치에 있으면서 정작 아이는 실업학교에 간 경우가 많아요. 학력 세습은커녕 학력 하향 현상이 나타나는 나라는 독일밖에 없을 겁니다. 하하하!"

그는 '인격 교육만을 중시하고 경쟁을 죄악시하는, 2차대전 이후의 분위기가 오늘의 결과를 낳게 된 것'이라며 '현재 독일 아이들은 세계의 그 어느 나라 학생보다 스트레스가 없고 자유가 넘치는 생활을 하고 있지만, 그로 인해 저하된 경쟁력을 어떻게 해결하느냐가 교육계가 당면한 가장 큰 문제'라고 진단했다. 그러면서도 그는 제도권 교육의 질은 그 어떤 나라보다 높다고 자부심을 보였다.

"나는 독일 교육제도와 방법이 질적으로 뒤떨어진다는 생각은 해 본 적이 없습니다. 독일이 피사PISA에서 성적이 저조한 이유는 피사식 시험에 대비한 연습이 부족한 탓입니다. 독일어를 예로 들어봅시다. 독일 학교의 공부는 말하기와 쓰기의 중요성이 강조됩니다. 정답을 골라내는 오지선다형 문제는 전혀 가르치지 않습니다. 읽기 분야도 오지선다형이나 단답형으로 해결하는 것이 아니라 읽고 이해한 내용을 분석하고 자신의 관점이 드러난 작문을 써야 하지요. 결국은 모든 평가가 사고의 깊이를 측정할 수 있는 논술로 시행됩니다."

그러나 제도권 교육의 질이 높다는 스테판 선생님의 자부심과는 다르게 국제 경쟁력에서 저조한 평가를 받고 있는 학습 능력은 독일 교육계의 가장 큰 이슈이고, 이를 위해 개혁을 진행하고 있다고 지적하자 그것에 대해 우려를 표했다.

"현재 교육 개혁의 방향은 결국 그동안 우리가 최하위 교육으로 치부하고 던져 버렸던 경쟁을 다시 살려내자는 것입니다. 지금까지 그렇게 느슨했던 학습 방법도 공부를 너무 많이 시키는 것이 아니냐고 걱정하던 부모들이 과연 변화에 적응할 수 있을지 의문입니다. 경쟁력은 떨어질지 모르지만 지금과 같은 깊이 있는 교육은 아마 앞으로는 불가능해질 것입니다. 경쟁에서 이기려면 생각의 깊이를 키우는 것보다 주입식 교육이 더 효과가 있으니까요. 생각할 필요도 없이 누가 빨리 많이 머릿속에 집어넣었는지가 관건이겠지요. 미국에서 불어오는 신자유주의 폭풍에 휩쓸리지 않기 위해 외롭게 버티고 있던 독일 교육이 무너지기 시작하는 순간이 될 것입니다. 저는 이러한 방향의 개혁에 반대합니다. 결국 독일인은 머지 않아 지금 우리가 누리고 있는 가장 중요한 삶의 질을 내주는 결과를 보게 될 것입니다. 독일 정부는 OECD 국가 사이에서 체면 세우기에 급급해 마구잡이로 제도를 뜯어고치지만 먼 미래를 보았을 때 과연 바람직한지는 진지하게 생각해 보아야 합니다."

어떻게 이 지구상에 함께 사는 두 나라가 이리도 다른 고민을 할 수 있는지, OECD국가 중 교육에 관해서 가장 극과 극의 길을 걷고 있는 나라는 독일과 한국이 아닐까 하는 생각이 들었다. 한국은 지나친 경쟁으로 인한 사교육 열풍 때문에 걱정하는 반면 이 나라는 너무 인성

교육만을 강조한 나머지, 경쟁에서 밀려날 위기에 처했기 때문이다. 두 나라 교육의 장점을 적당히 섞을 수만 있다면 가장 이상적인 모델이 탄생할 텐데 쉽지 않은 일 같다.

"아이가 하기 싫다는데 어떻게 하라는 말이냐.
나는 하기 싫다는 공부를 강제로 시키면서
아이에게 스트레스를 주고 싶지는 않다.
공부가 인생의 전부는 아니다."

독일 일반 교육제도

얼마 전까지만 해도 독일은 초등학교부터 대학까지 원칙적으로 무상 교육이었다. 그러다 주마다 약간 차이를 보이기는 하지만 대학은 한 학기에 약 500유로(80만 원) 정도의 등록금을 받기 시작했다. 독일 교육은 사교육 없이 공교육만 받아도 충분하고, 더불어 사는 공동체를 지향하기 때문에 우리처럼 크게 교육비를 걱정할 필요는 없다.

초등학교인 그룬트슐레Grundschule는 베를린과 브란덴부르크, 메클렌부르크-포어포메른 등 6년제인 세 지역을 제외하고는 대부분 4년제를 채택하고 있다. 독일 초등학교도 우리나라처럼 여섯 살이 입학 연령이지만 가을에 새 학년이 시작되기 때문에 한국보다 6개월 먼저 입학하는 셈이다.

모든 아이는 입학 전에 학교 전문의로부터 초등학교 입학 여부에 관한 검사를 받아야 한다. 간단한 지적 능력 테스트와 신체검사, 집중력 등 초등학교에서 원만한 단체 생활과 학습을 할 수 있는지 여부에 관한 검사다. 의사는 진단 결과를 학교와 부모에게 통보해 주며 부적합하다고 판단되는 아이에게는 초등학교 입학을 다음 해로 연기할 것을 권한다. 독일 부모들은 의사가 권유하면 입학을 한 해 미룬다. 물론 부모가 원하면 결과에 따라서 입학 연령 전에도 학교에 보낼 수 있다.

초등학교는 특별한 사유가 없으면 한 명의 담임교사가 4년 동안 가르친다. 통계에 따르면 초등학교 교사 1인당 학생 수가 20.9명이지만 학교에 따라 차이가 많이 난다. 20명 미만일 때도 있고 30명이 넘는 경우도 있다.

초등학교 다음 단계는 중고등학교인데 실업계인 레알슐레Realschule나 하우프트슐레Hauftschule, 인문계인 김나지움Gymnasium으로 나뉜다. 때문에 다소 이른 시기이기는 하지만 초등학교 졸업 학년인 4학년에 진로를 결정한다.

상급 학교에 다니면서도 얼마든지 인문계와 실업계 학교를 넘나들 수 있지만 이 시기에는 이미 대학 진학과 직업교육에 대해 진지하게 고려해야 한다.

하우프트슐레는 9학년, 레알슐레는 10학년에 졸업하며, 대학 진학을 위한 인문계 학교인 김나지움은 13학년까지로 우리보다 1년이 길다. 1970년부터는 전통적인 학제에 레알슐레와 김나지움을 합쳐서 종합 학교인 게잠트슐레Gesamtschule를 도입, 부모의 사회적 지위에 따라 진로가 좌우되는 아동의 선택권을 존중하고 다양한 기회를 제공하고 있다. 게잠트슐레에 진학하면 후에 레알슐레와 김나지움으로 다시 한 번 진로를 결정하게 된다.

하우프트슐레와 레알슐레를 졸업하면 '아우스빌둥Ausbildung'이라는, 이원제로 운영되는 직업 교육을 받는다. 3년 과정인 아우스빌둥에서는 수업은 일주일에 두 번 정도, 나머지 시간은 현장에 나가 아쭈비나 레어링으로 불리는 실습생이 되어 마이스터 밑에서 배우면서 일한다. 아쭈비는 직업교육 기간에도 교통비 정도의 임금을 받는다.

3년 간의 아우스빌둥이 끝나고 졸업 시험에 합격하면 비로소 게젤레가 되고 게젤레로서 3년 동안 현장에서 일한 사람은 마이스터에 도전할 수 있다. 마이스터가 되면 개인 공장을 열 수 있으며 각 기업의 현장 책임자나 직업학교 교사 등 다양한 방면에서 취업의 문이 열리며 임금과 직책도 보장된다.

대학은 김나지움 과정을 마치고 아비투어에 합격한 사람이 진학한다. 독일 대학은 모두 시립이고 평준화되어 학과별로는 인기학과가 존재해도 대학별로는 수준 차이가 거의 없다.

독일에는 현재 1386년 건립된, 가장 오래된 하이델베르크 대학을 비롯하여 365개 대학이 있고 이 중에는 600년 이상의 긴 역사를 자랑하는 곳이 많다. 얼마 전까지만 해도 대학에서는 석사 과정에 해당하는 문과 계열은 마기스터Magister, 자연과학 계열은 디플롬Diplom으로 통합했으나 지금은 우리나라와 같은 학사와 석사 제도로 세분화되었다.

선택 폭 다양한 독일 수능시험,
아비투어

한국 사람들은 국영수가 빠진 입시 공부를 생각해 본 적이 없을 것이다. 하지만 독일은 다르다. 독일은 주마다 각기 다른 입시 제도인 아비투어를 도입하고 있어 일괄적으로 설명하기란 쉽지 않다. 그러나 수업 방법이나 입시 과목의 선택권을 다양하게 인정한다는 점은 비슷하기 때문에 한 주의 제도라 하더라도 이 나라의 전반적인 입시 경향을 살펴보는 데에는 무리가 없다. 여기서 설명하는 제도는 우리가 사는 노드라인베스트팔렌 주의 아비투어다.

독일 학교에서 입시를 위한 수업이 진행되는 학년은 '오버스투페 Oberstufe'라고 하는 김나지움 고학년인 11학년부터 13학년까지다. 그 중에서도 11학년은 '아인퓨룽스파제 Einführungsphase'라고 하여 본격적인 입시 준비 학년인 오버스투페의 도입 단계이기 때문에 유동성이 많은 학년이다. 아인퓨룽스파제는 학생이 오버스투페에 적응할 수 있도록 연습하는 시기라고 보면 된다.

이때는 수업도 복습을 위주로 하기 때문에 성적이 특별히 우수한 학생은 월반도 쉽게 할 수 있다. 또한 10학년 2학기 평균 점수가 3점 이상인 사람에 한해서는 6개월이나 1년 동안 단기 유학도 허락된다. 입시 과목으로 선택할 학과를 시범적으로 들으며 과연 적성에 맞는지 체크해 볼 수도 있고 맞지 않는다고 판단되면 중간에 변경도 가능하다.

오버스투페 중에서 12학년과 13학년은 '크발리피카치온스파제Qualifikationsphase'라고 하여 우리나라의 고3에 해당하는 학년이다. 독일의 수능시험 격인 아비투어 점수는 13학년 말에 보는 필기시험과 12,13학년 2년 간의 내신 성적을 합산하여 산출한다. 독일도 한국처럼 아비투어에 내신 성적이 포함되기 때문에 수업을 게을리할 수 없다. 방식도 비슷해서 중요 과목일수록 내신의 비중도 높게 적용된다.

김나지움 오버스투페 수업 과목은 학교에 따라 다양한 선택권이 있으며 그 폭도 광범위하다. 오버스투페에서는 기존의 학급이 없어지고 학생들은 대학처럼 자신이 선택한 과목을 찾아다니면서 수업을 듣는다. 오버스투페의 총 과목 수는 아홉 개이다. 수업은 크게 기초 과정인 그룬트코스Grundkurs와 심화 과정인 라이스퉁스코스Leistungskurs로 나뉜다. 심화 과정은 기초 과정과 비교해 전문적이고 깊이 있는 내용을 다루며 시험 난이도도 다르다. 다음 표에 보이는 것처럼 12,13학년 동안 반드시 이수해야 하는 과목은 독일어와 외국어, 수학, 사회과학 중 한 과목, 자연과학 중 한 과목, 체육, 종교 혹은 철학 등이다. 학교에 따라 들을 수 있는 수업이 제한적이지만 보기와 같이 선택의 폭은 광범위하다. 독일어와 수학처럼 체육이 필수라는 것이 독특한데 국민 건강과 직결되는 체육은 그 어떤 수업보다 중요시한다.

독일 입시에서 가장 중요한 구술시험을 포함한 아비투어 필기시험은 심화 과정 두 과목과 기초 과정 두 과목을 포함하여 총 네 과목을 치른다. 그런데 독일어를 비롯한 영어, 수학이 필수가 아니라 선택이다. 우선 의무 규정은 독일어를 포함한 다양한 외국어 중에서 언어 영역으로 한 과목을 선택하고 자연과학과 사회과학 중 각각 한 과목을 고르며, 나머지 하나는 완전 자유다. 보통 네 과목 중 가장 자신 없는 과목을 구술시험으로 선택하여 필기시험과는 약간 다른 준비 과정을 거치기도 하

고학년 필수 이수과목

독일어	
수 학	
외국어	독일어, 불어, 이탈리아어, 일본어, 러시아어, 라틴어, 중국어, 스페인어, 그리스어, 터키어, 영어, 네덜란드어, 히브리어 중 택일
사회과학	역사, 사회학, 법, 지리, 철학, 교육학, 심리학 중 택일
자연과학	수학, 물리, 영양학, 생물, 컴퓨터, 화학, 기술 중 택일
종교, 철학, 문학 중 택일	
음악, 미술 중 택일	
체육	

* 인문계의 경우 사회과학을, 자연계는 자연과학을 각각 한 과목 더 선택한다.

지만 시험의 출제 경향은 비슷하다.

독일 입시의 가장 큰 장점은 이처럼 선택의 폭이 다양하다는 데 있다. 수학과 영어를 잘해야만 높은 점수를 받는 것은 아니다. 주요 과목일지라도 필기시험에서 제외시킬 수 있고 개인의 재량이 허용되는 폭이 우리보다 훨씬 넓다.

그럼 가장 중요한 네 과목은 어떻게 선택할까? 우선 언어 영역과 자연과학, 사회과학, 자유선택, 이렇게 네 과목이다. 언어 영역에서는 영어, 독일어, 불어, 스페인어, 라틴어 등 많은 언어 중 한 과목을 선택한다. 우리가 사는 노드라인베스트팔렌 주의 입시 규정에는 애석하게도 한국어는 없지만 일본어와 중국어는 있다. 선택의 폭이 다양해도 실제 학교에 강의가 개설되어 있는지가 관건이다. 일본어와 중국어 같은 경우 독일 학교에서 아주 흔치 않고 독일 학생은 보통 독일어와 영어·불어 중 하나를 선택한다.

입시에서 가장 중요한 필기와 구술시험 네 과목을 선택하는 조합을 보면 더 흥미롭다. 우리 아이의 경우 영어와 수학·역사·생물로 결정했다. 다른 학생은 생물·체육·라틴어·지리를, 또 다른 학생은 화학·불어·미술·종교를, 누구든 생물·독일어·역사·음악을 선택했다. 아비투어 필기 과목은 내신에서도 학점이 높게 계산되기 때문에 결국 이 네 과목만 충실히 준비하고 나머지는 낙제만 면하면 독일에 있는 웬만한 대학에 입학하는 데는 거의 문제가 없다.